RALPH DAWIRS

Riskante Jahre

RALPH DAWIRS

RISKANTE JAHRE

ÜBERLEBENSWICHTIGE ANMERKUNGEN ZUR KINDHEIT

BELTZ

Wichtiger Hinweis
Die im Buch veröffentlichten Ratschläge wurden mit größter Sorgfalt
und nach bestem Wissen vom Autor erarbeitet und geprüft. Eine
Garantie kann jedoch weder vom Verlag noch von dem Verfasser
übernommen werden. Die Haftung des Autors bzw. des Verlages und
seiner Beauftragten für Personen-, Sach- oder Vermögensschäden ist
ausgeschlossen. Wenn Sie sich unsicher sind, sprechen Sie mit Ihrem
Arzt oder Therapeuten.
Das Werk und seine Teile sind urheberrechtlich geschützt. Jede Nutzung
in anderen als den gesetzlich zugelassenen Fällen bedarf der vorherigen
schriftlichen Einwilligung des Verlages. Hinweis zu §52a UrhG: Weder
das Werk noch seine Teile dürfen ohne eine solche Einwilligung
eingescannt und in ein Netzwerk eingestellt werden. Dies gilt auch für
Intranets von Schulen und sonstigen Bildungseinrichtungen.

www.beltz.de

1. Auflage 2012

© 2012 Beltz Verlag, Weinheim und Basel
Umschlaggestaltung: www.anjagrimmgestaltung.de (Gestaltung),
Stephan Engelke (Beratung)
Umschlagabbildung: plainpicture/OJO
Satz und Herstellung: Nancy Püschel
Druck und Bindung: Beltz Druckpartner GmbH & Co. KG, Hemsbach
Printed in Germany

ISBN 978-3-407-85935-8

Glücklich, wer, was er liebt,
tapfer zu verteidigen wagt.
Ovid (Liebesgedichte)

Inhalt

Vorwort

KINDHEIT, WAS IST DAS? Bloße Zeitverschwendung auf dem Weg ins Erwachsensein oder Geschenk des Himmels? Treppenwitz der Stammesgeschichte oder genialer Schachzug im Gerangel um die besten Plätze beim großen Spiel des Lebens? Wohin soll die Reise gehen? Was erhoffen wir uns vom Leben? Eine Scheibe vom großen Glück? Was erwarten wir von unseren Kindern? Wünschen wir uns einfach nur, dass sie groß und stark werden? Oder haben wir Größeres im Sinn? Sehen wir sie als Projekte mit klaren Zielvorgaben? Wollen wir als »Projektleiter« Planungssicherheit für eine möglichst effiziente Kindheit mit gut kalkuliertem Kosten-Nutzen-Profil? Dürfen wir uns unsere Kinder so zunutze machen? Kinder als Verfügungsmasse einer Designergesellschaft? Die

Gefahr ist groß, denn eines ist gewiss: Das Leben ist kein Spaß.

Die Menschwerdung beginnt mit einer zunehmenden Verlängerung der Kindheit. Ein ziemlich waghalsiges Konzept. Nachgeburtliche Lehrjahre als Voraussetzung für die Entwicklung zum Kulturmenschen. Seither sind Kinderjahre behütete Jahre. Damit hat die Evolution ein hohes individuelles Risiko eingeführt. Mit jedem Säugling geht die Menschheit eine Wette auf einen guten Ausgang der Kindheit ein. Kinderjahre sind riskante Jahre. Das Ende ungewiss. Allerdings sind die Chancen für eine glückende Kindheit größer als die Risiken, wenn nur die Sache mit der »Brutpflege« gut funktioniert. Und zwar von Geburt an. Die menschliche Brutpflege umfasst neben Versorgen, Behüten und Betreuen auch alle Bemühungen, die wir mit Erziehung umschreiben. Erziehung ist eine überaus wirksame Strategie der Einmischung in die Entwicklung des Kindes. Ein mächtiges Instrument, das weit mehr vermag, als den eigenen Nachwuchs groß und stark zu machen.

Kinder wissen noch nichts von der Jagd nach dem großen Glück. Kinder sind unschuldig. Ihren jeweiligen Lebensbedingungen anvertraut, beginnen sie ihre Entwicklung in völliger Abhängigkeit von der elterlichen Fürsorge. Die Eltern geben ihnen Schutz, Pflege, Nahrung und Wärme. Ein überlebensnotwendiger Aufwand, den die Eltern unaufgefordert über lange Jahre hinweg betreiben. Kinder machen Mühe. Ohne Aussicht auf einen Lohn. Warum tun Eltern so etwas? Sicher nicht aus der rationalen Einsicht heraus, dass andernfalls die Menschheit aussterben würde. Was Eltern bewegt, ist die Liebe. Die bedingungslose Liebe lässt sie keine Mühen scheuen, alles zu tun, damit es ihren Kindern gut geht, sie sich wohlfühlen. Kinder brauchen sich diese Zuwendung nicht zu verdienen. Sie müssen nichts richtig machen. Kinder sind den ganzen Tag damit beschäftigt, die Welt und sich selbst zu entdecken. Kinder suchen den Sinn des Lebens. Was, wenn der Sinn des Lebens die Liebe ist? War nicht die Liebe schon vor den Menschen da? War sie nicht die entscheidende Vorbedingung für die Menschwerdung, das eigentliche Fundament der menschlichen Kulturentwicklung? Die Elternliebe ist die Summe aller praktischen und zugleich nachhaltig positiven Hinwendungen zum Kind. Sie ist die Fackel, mit der das Licht der Liebe an die Kinder weitergegeben wird. Sie ist der Katalysator für die Entwicklung der menschlichen Schlüsselqualitäten und damit die Voraussetzung für eine glückliche Kindheit und ein erfülltes Leben.

Die Liebe ist für den Menschen unentbehrlich. Sie ist überlebenswichtig. Ohne Liebe kein Urvertrauen! Ohne Urvertrauen kein Selbstvertrauen! Ohne Selbstvertrauen kein Vertrauen! Und ohne Vertrauen keine soziale Kompetenz. Mithilfe der Liebe hat der Mensch auf der Bühne der Evolution eine Erfolgsgeschichte ungeheuerlichen Ausmaßes hingelegt. Die letzten zwei Millionen Jahre der Menschheitsentwicklung erzählen aber auch die Geschichte einer Machtübernahme des Menschen über den Menschen und über die ganze Erde. Der Mensch ist als Opfer seines eigenen Erfolges sich selbst zur größten Bedrohung geworden. Angesichts der durch den Menschen hervorgerufenen gewaltigen Gefahren, die zum Beispiel von dem Klimawandel, dem Raubbau an der Natur, dem dramatischen Wachstum der Erdbevölkerung und der zunehmenden Kluft zwischen Arm und Reich ausgehen, möchte man fragen: Wo ist die Liebe? Ist sie am Ende noch zeitgemäß? Oder brauchen wir sie heute mehr denn je? Zur Minimierung des Restrisikos des Menschen für sich selbst?

Schwanger

DIE ERSTE WIRKLICH BEDROHLICHE SITUATION im Leben eines Menschen entsteht in dem Moment, in dem seine Mutter weiß: »Ich bin schwanger!« Er ist erst zwei Wochen alt. Vor einer Woche hat er sich nach einer sechstägigen Reise durch einen der beiden Eileiter seiner Mutter als Blastozyste in ihrer Gebärmutterschleimhaut eingenistet. Seine erste »Wortmeldung« ist die Freisetzung des Schwangerschaftshormons hCG (humanes Choriongonadotropin). Der Embryo stellt dadurch selbst sicher, dass die Gebärmutterschleimhaut nicht abgestoßen wird und er seine Entwicklung fortsetzen kann. Er verfügt jetzt über eine Option auf eine erfolgreiche Entwicklung. Doch der Schwangerschaftstest erkennt das hCG und verrät ihn. Zwar hat er als Person von Anfang an das Grundrecht auf freie

Entfaltung seiner Persönlichkeit. Nur kann er dieses Recht jetzt noch nicht selbst wahrnehmen. Er muss darauf vertrauen, dass dies seine Mutter und deren soziales Umfeld tun. Dazu gehört das Glück, dass sie nicht beschließt, ihn abzutreiben, und er am Leben bleibt.

Frauen und Kinder haben es nicht leicht. Schwangerschaft ist oft die Eintrittskarte für kulturelle Ausgrenzung und Armut. Die Erkenntnis »Ich bin schwanger« und die Frage »Wie soll ich damit umgehen?« betreffen immer Mutter und Kind zugleich. Das Kind im Mutterleib ist vollständig von der Mutter abhängig. Es kann ohne sie nicht leben. Der mütterliche Körper stellt bis zur Geburt die unmittelbare natürliche Umwelt für die Entwicklung des Kindes dar. Die Mutter ist von Anfang an die wichtigste Partnerin für die Entwicklung des Kindes. Sie ist dabei nicht nur passiv beteiligt, nicht bloße Überlebensquelle für das Kind. Die Mutter ist ein wesentlicher Bestandteil der Kindesentwicklung. Sie ist in diesen Prozess verantwortlich eingebunden. Man könnte diese Verbindung heilig nennen. Denn einzig sie sichert den Fortbestand der Menschen. Die mit der Schwangerschaft einhergehenden Veränderungen ihrer Körperfunktionen tragen dazu bei, dass die

Mutter ihr Kind erwartet. Sie trifft Vorbereitungen für das Kind, das sich da bald für alle Welt sichtbar in ihr entwickelt.

Jedes Kind, das erwartet wird, ist ein soziales Ereignis. Damit sind viele Emotionen verbunden. Diese sollen sicherstellen, dass alle nötigen Vorkehrungen zur Entwicklung und Aufzucht des Kindes von Anfang an in Erfolg versprechende Bahnen gelenkt werden. Unter günstigen Bedingungen kann die Mutter also nur alles richtig machen. Das hängt allerdings ganz wesentlich von ihrer Einstellung und ihren Lebensumständen ab. Hat sie sich das Kind gewünscht? In welchem Verhältnis begleiten sie ab jetzt Vorfreuden, Sorgen und Ängste? Denkt sie: »Endlich, ich bin schwanger!«, oder: »O Gott, ich bin schwanger!«? Im günstigsten Fall ist sie jetzt nicht allein und kann ihre Hoffnungen und Sorgen mitteilen. Aus der Sicht des Kindeswohls stellen sich zwei bange Fragen: (1) Ist die Mutter körperlich und psychisch gesund? (2) Lebt sie in relativer sozialer Sicherheit und Geborgenheit? Diese Fragen gehen uns alle an. Soziale Gerechtigkeit beginnt im Mutterleib.

Hat sich eine Mutter für das Kind entschieden, ist ihr zu wünschen, dass es ihr gelingt, sich ganz auf das Wunder einzulassen, das da gerade an ihr geschieht. Vertrauen aus der Natur zu schöpfen, die diesen Prozess in Gang setzt und unterhält. Den vielleicht aufkeimenden Stolz wahrzunehmen und zuzulassen: »Ja, ich bin schwanger! Was für ein Glück!«

Entwicklung

DER MENSCH FÄLLT NICHT einfach so vom Himmel. Nun gut, es ist nicht auszuschließen, dass das auf den einen oder anderen Piloten, Fallschirmspringer oder Obstpflücker im wörtlichen Sinne zutreffen kann. Auch ließ Astrid Lindgren schon einmal ein Kalb vom Himmel fallen. Hier ist jedoch gemeint, dass sich jeder einzelne Mensch auf eine individuelle und einzigartige Weise entwickelt. Auch kommt der Mensch nicht erst bei seiner Geburt zur Welt. Ein weitverbreiteter Irrtum. Seine Entwicklung beginnt mit der Befruchtung und endet mit dem Tod.

Zu jedem Zeitpunkt seiner Lebensspanne ist der Mensch das vorläufige Ergebnis einer unvorhersehbaren Entwicklung. Es gibt keinen Plan des fertigen Menschen in der Eizelle, der Samenzelle oder der

Zygote. Keinen Plan, den es nur noch abzuarbeiten gilt. Es gibt nur das Wunder der Entwicklung. Der Keim ist der Beginn des einzelnen Menschen mit einer klaren Option auf eine erfolgreiche Entwicklung. Dabei weiß der erste Schritt nichts vom zweiten. Das Ende der Entwicklung wird nicht vorhergesehen. Alles passiert immer zum ersten Mal. Das sich im Mutterleib entwickelnde Kind bildet keinen Vorgänger nach. Der Einzelne ist kein Prototyp für seine Nachkommen. Es entsteht aus sich heraus ein völlig neuer und einzigartiger Mensch.

Der Mensch ist während seiner gesamten Entwicklung ein Erfahrungen erwartendes System. Er definiert sich durch seine Entwicklung in der Abfolge der Generationen. Anpassungen an Bedingungen der Umwelt, in der wir leben, werden in der frühen Entwicklung eines jeden Menschen immer wieder neu begründet. So gesehen, ist die Schöpfung also längst noch nicht am Ende. Der Mensch ist ohne seine Umgebungsbedingungen gar nicht denkbar. Er ist unauflösbar an seine Umwelt gekoppelt. Diese Anpassungsprozesse beginnen schon im Mutterleib und betreffen die verschiedenen Ebenen der menschlichen Individualentwicklung, von den Organanlagen bis zu den Persönlichkeitsmerkmalen. Jeder Mensch entwickelt sich in einer Abfolge von Lernprozessen, in denen Signale von außen den weiteren Gang der Entwicklung nachhaltig prägen.

Während der Schwangerschaft ist die Außenwelt des Embryos und des Fötus die Innenwelt der Mutter. Diese Signale sind zunächst ausschließlich stofflicher Natur. Alle Signalstoffe werden über den Blutkreislauf herangeschwemmt. Das sich entwickelnde Kind nimmt so vollen Anteil am Innenleben der Mutter. Signale von außerhalb der Mutter sind in der Schwangerschaft nur dann von Bedeutung, wenn sie die Signalstoffe beeinflussen.

Während der Schwangerschaft nimmt das Kind nicht nur an Länge und Gewicht zu, es entwickelt sich. Und das tut es ganz allein. Dazu braucht es keine Hilfe. Vor allem möchte es nicht gestört werden. Es hat alles, was es braucht. Alles Nötige ist im Blut der Mutter enthalten: Nährstoffe, Vitalstoffe, Signalstoffe und Sauerstoff. Die Mutter braucht sich um gar nichts zu kümmern, das geht alles automatisch. Sie kann eigentlich überhaupt nichts tun.

Besser gesagt, fast nichts. Denn sobald eine Frau schwanger ist, tut sie alles, was sie sich selbst antut, ebenso ihrem Kind an. Im Guten wie im Schlechten. Es gibt keine unüberwindbare Schranke zwischen ihr und ihrem Kind. Von jetzt an ist es für ihr Kind von wesentlicher Bedeutung, was seine Mutter ihrem Körper zuführt und wie sie sich fühlt. Das Wohl des Kindes ruht auf drei Säulen mütterlichen Verhaltens: (1) einer ausgewogenen Ernährung, (2) dem Verzicht auf Drogen und (3) einem stressfreien Leben. Mit einem Wort: auf einer gesunden Lebensführung!

Urvertrauen

»DU BIST ZEITLEBENS FÜR das verantwortlich, was du dir vertraut gemacht hast«, sagt der Fuchs zum kleinen Prinzen. Antoine de Saint-Exupéry hätte den Fuchs auch sagen lassen können: »Du bist zeitlebens durch das geprägt, was dir vertraut gemacht wurde.« Denn es gibt kein »Vertrauens-Gen«. Vertrauen muss sich in jedem einzelnen Menschen aufs Neue entwickeln. Vertrauen muss man gewinnen. Es ist wie beim Laufenlernen. Wichtige Größen sind dabei das Gleichgewichtssystem und die Erdanziehung. Die sich entwickelnden motorischen Systeme vertrauen darauf, dass die Erdanziehung eine Konstante ist. Würde dieses Vertrauen fortwährend erschüttert, wäre ein Laufenlernen nicht möglich.

In gleicher Weise erwirbt der Mensch in den

ersten Wochen und Monaten nach der Geburt die Fähigkeit, zu vertrauen. Dies geschieht im Wechselspiel mit den Eltern, im Besonderen der Mutter. Vertrauen ist eine Attitüde, die sich begründet entwickeln muss. Das geht nicht automatisch. Dazu bedarf es bestimmter Bedingungen und Urerfahrungen. Der Säugling muss die Erfahrung machen können, dass seine Bedürfnisse erfüllt werden. Daraus entsteht eine positive Erwartungshaltung. Der Säugling erfährt augenblicklich, dass er sich darauf verlassen kann, dass seine Signale von seiner Mutter verlässlich aufgenommen und richtig gedeutet werden. Dieses Urvertrauen darf von nun an nicht enttäuscht werden.

Vertrauen ist eine Eigenschaft des Gehirns. Wie alle seine Fähigkeiten entwickelt das Gehirn die Vertrauensfähigkeit nicht autonom, sondern in einem durch Anpassung an äußere Bedingungen geprägten Entwicklungsprozess. Zwei notwendige Bedingungen sind dabei Geborgenheit und Sicherheit. Beides wird von dem Säugling im direkten intensiven Kontakt mit den Eltern wahrgenommen und erfahren. Nur unter diesen Bedingungen entwickelt sich eine feste Bindung zwischen Eltern und Kind. In diesem Rahmen wirkt die tätige Zuneigung der Eltern positiv auf die Entwicklung einer gesunden Persönlichkeit. Dazu bedarf es der Erfahrung anhaltender Verlässlichkeit. Hier erwartet der Säugling feste Regeln und Rituale.

Ein unerschüttertes Urvertrauen ist eine notwendige Voraussetzung für die Entwicklung von Vertrauen und Selbstvertrauen. Aus dem Urvertrauen entspringen die Zuversicht, die Enttäuschungen überwindbar macht, der Glaube, der befreit, und die Liebe, die Vertrauen schafft. Ein Säugling mit erschüttertem Urvertrauen entwickelt dagegen mangelhafte Vertrauenskompetenzen und Beziehungsfähigkeiten. Er lebt in einem Zustand sozialer Unsicherheit. Er wird zum Feind seiner selbst und seines Gegenübers. Unfähig zur Liebe. Unfähig auch zur Demokratie, die vom Vertrauen aller untereinander lebt.

Das Urvertrauen als eine in einem entwicklungsbiologischen Anpassungsprozess Struktur gewordene Eigenschaft des Gehirns ist eine notwendige Voraussetzung für eine sozial ausgerichtete Persönlichkeitsentwicklung. So, wie der Sauerteig eine notwendige Voraussetzung für die Güte und Genießbarkeit des Brotes darstellt. Das Urvertrauen kann sich nur während des ersten Jahres nach der Geburt entwickeln. Alles, was in dieser Zeit versäumt wird, lässt sich später nicht mehr nachholen. So, wie sich der Sauerteig auch nicht in ein ausgebackenes Brot bringen lässt, um noch nachträglich die Qualität zu verbessern.

Vertrauen

EIN ALTES RUSSISCHES SPRICHWORT lautet: »Dowjerjaj, no prowjerjaj«, was so viel bedeutet wie: »Vertraue, aber prüfe nach.« Heute besser bekannt in der fälschlicherweise Lenin zugesprochenen Version: »Vertrauen ist gut, Kontrolle ist besser.« Als Handlungsanweisung zur Regelung zwischenmenschlicher Beziehungen und politischer Systeme gleichermaßen unwirksam und unmenschlich. Warum? Weil diese Empfehlung den Mechanismen sozialer Gruppen nicht gerecht wird. Richtig müsste es heißen: »Kontrolle ist gut, Vertrauen ist besser.« Aber zu welchem Zweck sollten die Menschen einander vertrauen? Welche Funktion hat Vertrauen?

Vertrauen ist mehr als eine Tugend. Vertrauen ist ein elementarer Mechanismus, eine biologische

Strategie, die ein Leben in sozialen Gemeinschaften erst ermöglicht. Vertrauen gibt Sicherheit und schafft Frieden. Vertrauen ermöglicht Freiräume durch eine Verringerung von Kontrollverhalten. Vertrauen ist der Kitt, der eine soziale Gemeinschaft zusammenhält. Vertrauen ist dadurch ein tragendes Element der Menschwerdung und der Kulturentwicklung. Nicht von ungefähr ist Vertrauen in allen Weltreligionen von zentraler Bedeutung. Die christlichen Tugenden »Glaube, Liebe, Hoffnung« sind ohne eine grundlegende Vertrauensfähigkeit nicht zu erlangen.

Vertrauen ist zugleich die Grundlage für eine erfolgreiche Persönlichkeitsentwicklung, die ein ausgewogenes Selbstkonzept und Selbstvertrauen umfasst. Nur wer sich selbst vertraut, kann auch anderen sein Vertrauen schenken. Nur wer über genug Selbstvertrauen verfügt, traut sich auch was. Cicero schreibt: »Qui fortis est, idem est fidens«, also: »Wer tapfer ist, besitzt auch Selbstvertrauen.« Mit jedem Vertrauensbruch, mit jedem Verlust an Selbstvertrauen wird aus einem Miteinander ein Gegeneinander, wird der Freund zum Feind. Vertrauen ist für den Einzelnen und für die Gesellschaft insgesamt überlebensnotwendig. Vertrauen ist jedoch nicht Gewissheit. Wer vertraut, weiß um die Möglichkeit des Scheiterns. In einer Seilschaft vertraut einer auf die Kraft und Umsicht des anderen. Im günstigsten Falle ist das Vertrauen wechselseitig ausgebildet. Dadurch entstehen soziale Strukturen, mit denen Aufgaben gelöst werden können, zu deren Lösung der Einzelne alleine nicht in der Lage ist. Die Fähigkeit, solche »Seilschaften« zu bilden, markiert den Anfang der Kulturentwicklung in der Wiege der Menschheit.

Vertrauen ist eine Schlüsselfunktion für ein soziales Miteinander. Ohne Vertrauen müssten wir letztlich alles selbst erledigen. Wir müssten zum Beispiel, wenn wir wollten, die Flugzeuge selbst fliegen, unsere Nahrung selbst beschaffen und unsere Kleidung selbst anfertigen. Vertrauen ist notwendig, aber zugleich auch ein »Geschenk«, das einem »gegeben« wird und das man »genießt«. »Ich genieße sein Vertrauen«, »Er schenkt mir sein Vertrauen«, sagen wir. Vertrauen lässt sich nicht einfordern. Misstrauen sei ein Zeichen von Schwäche, sagt Mahatma Gandhi. Andererseits schließt eine hohe Vertrauenskompetenz zugleich die Kunst des dosierten Misstrauens mit ein. Vertrauen an der falschen Stelle kann fatale Folgen haben. Wenn wir hören: »Du kannst mir ruhig vertrauen«, gehen wir zu Recht auf Distanz. Vertrauen ist so etwas wie eine Wette auf einen guten Ausgang, wobei die Kunst darin besteht, das persönliche Restrisiko richtig einzuschätzen.

Elternliebe

ELTERNLIEBE IST DIE LIEBE der Eltern zu den eigenen Kindern. Hoffmann von Fallersleben besingt sie so: »Weinen magst du oder lachen, Schlafen magst du oder wachen: Um dich hält die Liebe Wacht Tag für Tag und Nacht für Nacht.« Elternliebe ist mehr als ein Gefühl. Sie ist die Summe aller tätigen positiven Hinwendungen zum Kind. Diese Liebe erschöpft sich im Geben. Sie achtet nicht auf Gegenliebe. Wie auch? Sind doch Neugeborene noch gar nicht in der Lage, Gefühle wie Liebe zu empfinden oder wahrzunehmen. Im günstigsten Fall ist die Vertrauensfähigkeit des Kindes unerschüttert. Eine wichtige Voraussetzung, um Liebe zu empfangen und in die funktionale Entwicklung des Gehirns einfließen zu lassen.

Kindeswohl braucht Elternliebe! Elternliebe ist Teil des »Brutpflegeverhaltens«. Das Besondere an der Individualentwicklung des Menschen besteht darin, dass er »zu früh« geboren wird. Dies hat sich jedoch als eine geniale Innovation erwiesen, die den Beginn der Menschwerdung markiert. Der innovative »Trick« besteht darin, dass die Entwicklung des Gehirns in die Zeit nach der Geburt hinein verzögert wird, um so optimale Anpassungsprozesse zu gewährleisten. Eine echte Erfolgsstrategie, wie sich im Laufe der Jahrmillionen herausgestellt hat. Doch dieser Erfolg hat seinen Preis: die völlige Abhängigkeit des Säuglings und Kleinkindes von der Betreuung und Fürsorge durch die Eltern. Ohne eine intensive Ganztagsbetreuung wäre er nicht lebensfähig. Darin liegen zugleich Chancen und Risiken für jedes Kind. Denn ohne elterliche Liebe geht die Rechnung nicht auf. Elternliebe ist der Schlüssel zum Erfolg.

Alle Kinder sind lernbegierige und anpassungsfähige Wesen. Sie entwickeln ihr emotionales Erleben und ihr Sozialverhalten in Wechselwirkung mit ihrer unmittelbaren Umwelt. Diese Entwicklung ist daran gebunden, dass ihre kindlichen Gehirne mit der Zeit bestimmte Strukturen anlegen, um darüber dann bestimmte Funktionen aufnehmen zu können. Dabei formen vor allem die in den ersten sechs Jahren gesammelten Erfahrungen in individueller Weise die neuronalen Netze in ihren Gehirnen. Auf diese Weise passen sich ihre Fähigkeiten früh an die besonderen Ansprüche ihrer sozialen Umgebung an. Die Gehirnentwicklung folgt also keinem geschlossenen Planerfüllungsprinzip. Jeder von uns hat vielmehr die Möglichkeit und zugleich die Verantwortung, sich positiv begleitend in die Gehirnentwicklung unserer Kinder einzumischen.

Andererseits werden durch lieblose und aggressive Umgebungen antisoziale Verhaltensmuster eingeprägt, die bei dauerhaftem Einüben ein ganzes Leben lang stabil bleiben können. Jedes fünfte Kind in Deutschland zeigt deutliche Auffälligkeiten in seinem Gefühlsleben und/oder sozialen Verhalten. Jedes zehnte Kind leidet an einer behandlungsbedürftigen psychischen Störung. In den ersten Lebensjahren verpasste Entwicklungschancen lassen sich später nicht mehr nachholen.

Die Liebe zu unseren Kindern ist uns heilig. Der große Laotse hat erkannt: »Wen der Himmel retten will, den schützt er durch die Liebe.« Emotionale Fitness und soziale Kompetenz entwickeln sich nur durch die Liebe. Die Elternliebe ist eine biologische Kategorie und eine Grundbedingung für die Menschwerdung, die sich in der Entwicklung eines jeden Kindes von Neuem nachvollzieht.

Kinderkrippe

KAUM EIN THEMA HAT in letzter Zeit die Menschen so bewegt, wie das Thema Kinderkrippen. Nur leider nicht diejenigen, die es am meisten betrifft. Das sind unsere Säuglinge und Kleinkinder. Dabei ist doch gerade für sie Bewegung so wichtig.

Eine Krippe ist an sich eine Vorrichtung, die der Fütterung von Tieren dient. Durchaus verständlich, dass so mancher zunächst etwas zurückschreckt bei dem Gedanken, sein Kind in eine solche Krippe zu geben. Tatsächlich ist das ursprüngliche Nutzungsprofil solcher Fütterungseinrichtungen aber schon früh erweitert worden. Dazu bedurfte es nur weniger Handgriffe. Futter raus, Stroh rein und dann nur noch das Kind darauf. Fertig war der erste, vielleicht sogar ganz gemütliche Krippenplatz. Zugegeben, eine Lösung, die wohl eher der Not gehorchte. Allerdings befanden sich so gebettete Kinder armer Leute in guter Gesellschaft. Wurde doch niemand Geringeres als das Jesuskind von seinen Eltern in eine solche Krippe gegeben, nachdem sie zuvor vergeblich versucht hatten, einen angemesseneren Schlafplatz zu finden. Seitdem kann »Krippe« als durchaus ehrenvolle Bezeichnung für ein Provisorium zur vorübergehenden Unterbringung eines Kleinkindes angesehen werden. Die Liebe Marias zu ihrem Kind war durch derlei Umstände allerdings nicht zu erschüttern, und wir können getrost davon ausgehen, dass das Kind im Stall die ganze Fülle der Elternliebe erfahren hat.

Wie steht es um die Elternliebe in modernen Krippen? Diese haben zunächst mit dem Lebensumfeld der Heiligen Familie nicht mehr das Geringste zu tun. Moderne Krippen sind keine Orte der Vermittlung von Elternliebe. Sie sind vielmehr Einrichtungen, die eine periodische Trennung von Kindern und Eltern organisieren.

Solche »Krippen ohne Eltern« sind wichtige und notwendige Einrichtungen zum Schutz von Kindern aus Risikofamilien. Aus der Sicht des Kindeswohls zeichnen sich Risikofamilien durch Eltern und Erziehungsberechtigte aus, die sich nicht ganztags ihren Kindern widmen können oder wollen. Eine institutionalisierte Betreuung von Säuglingen und Kleinkindern sieht eine Entsprechung für Elternliebe und frühkindliche Bindung aber nicht vor. Soll sie auch gar nicht. Die meisten Eltern wollen ihre Kinder ja in der Regel nicht für immer loswerden. Nur für die Dauer eines Arbeitstages. Danach sollen sie dann wieder ganz ihnen gehören, meinen sie. So, als sei nichts gewesen. Denn die Liebe zu ihren Kindern darf ihnen niemand streitig machen. Aber welche Qualität hat eine solche Struktur gelebter Elternliebe aus Sicht des Kindeswohls?

Der durch die elternlosen Krippen zwangsläufig organisierte periodische Liebes- und Bindungsentzug für Säuglinge und Kleinkinder strukturiert, objektiv gesehen, suboptimale Bedingungen für die Entwicklung grundlegender motorischer, emotionaler, kognitiver und sozialer Fähigkeiten. Das einzelne Kind wird das natürlich überleben, während seine Eltern ihre jeweiligen Rollen in der globalisierten Erwerbsgesellschaft spielen. Wie immer sich Eltern bereitwillig oder der Not gehorchend entscheiden, der Anspruch eines jeden Kindes auf eine freie Entfaltung seiner Persönlichkeit bleibt bestehen. Dies hat Verfassungsrang. Kinder dürfen in Krippen nicht gegenüber Kindern mit vollständiger elterlicher Betreuung benachteiligt werden. Das ist eine Frage der sozialen Gerechtigkeit und damit eine Gemeinschaftsaufgabe zum Wohle des Kindes.

Urkrippe & Muttermythos

DIE UN-KINDERRECHTSKONVENTION vom 20. November 1989 sichert allen Kindern das »Recht auf das erreichbare Höchstmaß an Gesundheit« zu. Dennoch ist es zulässig, dass eine schwangere Frau Nikotin und Alkohol konsumiert und dadurch das ungeborene Kind massiven Beeinträchtigungen der Entwicklung seiner körperlichen und psychischen Funktionen aussetzt. Angesichts dieser bizarren Realität wirkt eine Diskussion über »Krippen gegen Muttermonopol« in der frühen Kindesbetreuung tatsächlich etwas befremdend. Liegt es daran, dass es bei diesem Thema in der öffentlichen Wahrnehmung nicht in erster Linie um das Kindeswohl, sondern um das Elternwohl geht? Im Besonderen um die Freiheit beziehungsweise die Notwendigkeit der Frau, auch dann einer Erwerbstätigkeit nachzugehen, wenn sie alleine oder mit dem Vater Verantwortung für einen Säugling oder ein Kleinkind trägt? Dazu benötigt die Gesellschaft Einrichtungen, die in dieser Zeit der Erwerbstätigkeit auch Kinder unter drei Jahren betreuen. Wie immer man dazu stehen mag, den berechtigten Anspruch der Frauen ändert das nicht.

Aber wie ist es um das Kindeswohl bestellt? Richtig ist, dass viele Säuglinge und Kleinkinder in den vorhandenen Krippen Lebensbedingungen vorfinden, die allemal besser sind als die in ihren Herkunftsfamilien. Richtig ist auch, dass Kinder in intakten Familien allemal besser aufgehoben sind als in jeder Krippe mit den aktuellen Qualitätsstandards. Richtig ist weiterhin, dass das vielfach beschworene »Muttermonopol« bei der frühkindlichen Betreuung ein Mythos ist. Richtig ist aber auch, dass unter günstigen Bedingungen eine Betreuung durch die leibliche Mutter nicht zu übertreffen ist. Die vorgeburtlichen Bindungsprozesse an die Mutter auch nach der Geburt kontinuierlich fortzusetzen bietet optimale Voraussetzungen für die Entwicklung des Kindes. Was jedoch, wenn die leibliche Mutter früh stirbt oder anderweitig für eine Betreuung ausfällt? Sicher ist das für das Kleinkind eine Krise. Aber nicht notwendigerweise auch eine Katastrophe. Voraussetzung ist, jemand anderer nimmt sich des Kindes an. Insofern ist die alleinige Bindung an nur eine einzige Bezugsperson ein riskantes Konzept. Viel besser wäre eine frühe Bindung an mehr als eine Person. Tatsächlich wurde dieses Konzept während der ganzen Menschheitsentwicklung bis in die Neuzeit hinein verfolgt. Säuglinge wurden durch Eltern-, Schwestern-, Tanten- und Onkelgruppen betreut. Mit all diesen Personen gingen die Kinder früheste Bindungen ein. Die Urkrippe. Die Frühbetreuung war nie Privatsache der biologischen Mutter. Sie war immer auch Gemeinschaftsaufgabe. Von Anfang an hing das Wohl der Menschen von dem zahlenmäßig geringfügigen Nachwuchs ab, in den es viel zu investieren galt. Es wäre viel zu riskant gewesen, die Entwicklung der Nachkommen alleine vom Wohl und Wehe der leiblichen Mutter abhängig zu machen.

Die Bedingungen in diesen »Urkrippen« unterscheiden sich ganz wesentlich von denen in den institutionalisierten Krippen unserer Tage. Den Unterschied macht die Liebe. Ein angestelltes Betreuungspersonal kann die ihm anvertrauten Säuglinge und Kleinkinder im besten Falle liebevoll betreuen, wird sie aber in aller Regel nicht lieben.

Aber Kindeswohl braucht Elternliebe. Elternliebe als die Summe aller nachhaltigen tätigen liebevollen Hinwendungen zum Kind. Dies können natürlich auch andere Personen als die leiblichen Eltern leisten. Dazu bedarf es jedoch einer Beteiligung an den echten emotionalen Bindungsprozessen mit dem Kind.

Klasse statt Masse

MEHRLINGSGEBURTEN SIND BEIM MENSCHEN die Ausnahme. Es werden etwa 1,2 % Zwillinge und entsprechend weniger Drillinge, Vierlinge und so weiter geboren. In den frühen Menschengruppen wird in der Regel nur eines der Zwillingskinder überlebt haben. Es sei denn, eine Schwester oder Tante war gerade in der Lage, das andere Kind zu »übernehmen«, es zu stillen und zu tragen. Sonst wird es keine Chance gehabt haben, zu überleben. Denn mit »nur« zwei Händen kann man im Grunde nur ein Kind zugleich halten und umsorgen. Das ergibt einen praktikablen natürlichen Betreuungsschlüssel von 1:1.

Heute sind Mütter nicht mehr ständig mit ihren Säuglingen auf Wanderschaft, was eigentlich schade ist. Da geht dann also auch 1:2 noch ganz gut.

Tatsächlich ist der Mensch jedoch ein »Tragling« geblieben, obwohl er zunehmend zum »Liegling« gezwungen wird. Immer kleinere Betreuungsschlüssel führen zu immer suboptimaleren Bedingungen für die Entwicklung des Kindes. Das liegt an den zwangsläufig sich einstellenden zunehmenden Defiziten bei den notwendigen individuellen tätigen Hinwendungen und Aufmerksamkeiten der Mutter oder Betreuungsperson. Was ist mit 1:10? Vielleicht sogar 1:30?

Rechnet man bei Säuglingen und Kleinkindern für das Füttern 3 × 10 Minuten und für das Wickeln und die Körperhygiene noch einmal 3 × 10 Minuten pro Tag, so ergibt das 60 Minuten pro Kind und Tag. Auf diese Weise könnte eine Betreuerin also 8 Kinder an einem Arbeitstag versorgen. Dies wäre dann die lebenserhaltende Grundversorgung. Das trifft in etwa die Realität der deutschen Krippen mit einem durchschnittlichen Betreuungsschlüssel von 1:7. Sonst nichts. Keine Hinwendung, kein Trösten, kein Körperkontakt. Wie auch?

Überleben wird das Kind diese Tortur. Nur, Liebe hat es in dieser Zeit nicht erfahren. In dieser Zeit ist keiner der Säuglinge gestillt worden. Wobei Stillen bekanntlich viel mehr als bloße Nahrungsaufnahme ist. Körperkontakt? Berücksichtigung individueller Rhythmen der Kinder? Individuelle Zubereitung hochwertiger Nahrung für Kleinkinder, die für die Entwicklung des Gehirns von unschätzbarem Wert ist? Alles Fehlanzeige. Können das alles die leiblichen Eltern dann am Abend nach einem erfüllten Arbeitstag ganz entspannt nachholen?

Eine nicht ganz ernst gemeinte Anregung: Bewerben Sie sich doch mal bei einer der zentralen Adoptionsstellen mit dem Ansinnen, ein unter 3-jähriges Kind aufnehmen zu wollen, um ihm dann eine solche lebenserhaltende Grundversorgung angedeihen lassen zu wollen. Viel Erfolg! Sie werden erfahren, dass das Adoptionsvermittlungsgesetz ausdrücklich nur dem Kindeswohl verpflichtet ist.

Wie aber sähe eine Kinderkrippe aus, die ihren Namen verdient? Sie wird einen Betreuungsschlüssel von 2:1 und mehr aufweisen. Frauen und Männer werden sich in nicht institutionellen Gruppen zusammenfinden, um stabile Bindungsbezüge für ihre Säuglinge zu bilden. Abgesichert durch Mehrfachbindungen erhält die Entwicklung der Kinder stabilere Prognosen, auch wenn die leibliche Mutter oder der leibliche Vater die Gruppe ganz oder auf Zeit verlässt, um am Kultur- und Erwerbsleben teilzunehmen. Ein solches Krippenmodell, in der Mitte der Gesellschaft verankert, brächte die natürlichen Interessen von Eltern und Kindern nicht nur in Einklang, sondern würde sie zudem fördern.

Kinderstube

»SIEHST DU NOCH MAL nach dem Kleinen, Schatz?«, kommt es mit gespielter Schläfrigkeit aus den Kissen neben ihm. Papi weiß: Das ist keine Frage. Er gehorcht. Also noch einmal raus aus den Federn. Er geht ins Kinderzimmer, natürlich barfuß. Es ist dunkel. Autsch! Scheiße, tut das weh. Papi war noch nicht ganz am Bettchen seines Kronprinzen angekommen, als seine Schmerzbahnen Alarm schlugen. Nur wer schon einmal mit bloßen Füßen im Dunkeln unversehens auf einen Legostein getreten ist, wird sich vorstellen können, was Papi in diesem Moment alles ausrufen möchte. Derweil beobachtet der hellwache Kronprinz belustigt seinen Erzeuger, wie der sich mit schmerzverzerrtem Gesicht auf dem Boden vor seinem Bettchen krümmt.

Nach einer Weile liegt Papi wieder in seinem Bett. Neben ihm sanfte Schlafgeräusche der träumenden Mami. Der Schmerz klingt langsam ab, und er denkt:»Was soll's. Wenigstens haben wir ein großes Kinderzimmer.« Keine Selbstverständlichkeit. Eine Erfindung des 18. Jahrhunderts. Allerdings gab's damals noch keine Legosteine. In Zedlers großem Universallexikon von 1732 steht:»*Kinderstube heiset dasjenige Gemach und Zimmer im Hause, allwo die kleinen Kinder mit den Muhmen und Ammen sich befinden und darin gepfleget werden.*« Zudem sollte es ein Ort des Lehrens und Lernens sein. Bis heute verbinden wir mit dem Begriff»gute Kinderstube« eher die Vorstellung einer guten Erziehung als die eines Zimmers mit Fernseher, PC und Spielkonsole.

Natürlich ist die ganze Wohnung ein wichtiger Erfahrungs- und Entdeckungsraum für Kinder. Aber spätestens mit Beginn der Schulzeit ist das eigene Zimmer ein wesentliches Element bei der Entwicklung einer stabilen Persönlichkeit. Kinder brauchen ihren eigenen Platz, auf dem sie sich ausbreiten können. Und Kinder brauchen Ruhe, um sich im ungestörten Spiel entwickeln zu können. Aber die Realität sieht allzu oft anders aus. Wenn eine Wohnung überhaupt noch ein Kinderzimmer hat, dann ist es in der Regel der kleinste Raum. Oft nicht mehr als eine Kammer. Nicht selten müssen sich mehrere Kinder ein Zimmer teilen. Alles Gift für eine gute Entwicklung.

Deutschland hat eine »Tierschutz-Hundeverordnung«. Darin steht, dass einem Hund in seinem Zwinger eine Fläche von mindestens 6 m² zusteht. Die einzelnen Bundesländer haben jeweils eine eigene »Garagenverordnung«. So schreibt der Freistaat Bayern Mindeststellflächen von 11,5 – 17,5 m² vor. Aber Deutschland hat keine Bauverordnung, die eine Mindestgröße für Kinderzimmer festlegt. Nur der öffentlich geförderte Wohnungsbau kennt solche Vorgaben. Die liegen zum Beispiel in Bayern bei 10 m² für ein Kind und 14 m² für zwei Kinder in einem Zimmer. In Deutschland leben 13 Millionen Kinder. Nach den Vorgaben des öffentlichen Wohnungsbaus könnte man sie auf einer Fläche von 130 km², also locker auf dem Stadtgebiet von Augsburg (147 km²), unterbringen.

Inzwischen ist Papi in einen unruhigen Schlaf verfallen. Er träumt davon, wie er auf der Suche nach seinem Kronprinzen zwischen 13 Millionen Kindern, Milliarden von Legosteinen und unzähligen merkwürdig gekleideten Muhmen und Ammen barfüßig durch Augsburg irrt, während im

Rest der Republik alle Mamis und Papis endlich ungestört 20 Stunden am Tag für den Fortschritt arbeiten dürfen.

Weit nach Mitternacht springt Papi schweißgebadet aus dem Bett, um noch einmal nach dem Kleinen zu sehen. Natürlich barfuß.

Kinderarmut

Die Vertragsstaaten der UN-Kinderrechtskonvention erkennen das Recht jedes Kindes auf einen seiner körperlichen, geistigen, seelischen, sittlichen und sozialen Entwicklung angemessenen Lebensstandard an. Zur Verwirklichung dieses Rechts soll Jugendhilfe in Deutschland »junge Menschen in ihrer individuellen und sozialen Entwicklung fördern und dazu beitragen, Benachteiligungen zu vermeiden oder abzubauen«.

Im ganzen Land hört man das Bekenntnis: »Kinder sind das Wichtigste!« Nur ein Lippenbekenntnis? Tatsache ist, dass es in Deutschland Kinderarmut gibt. Dabei zählt Deutschland zu den reichsten Ländern der Erde. Nach dem »relativen« Armutsbegriff der Industriestaaten wird derjenige als arm bezeichnet, dem weniger als 60 % des

Durchschnittseinkommens zur Verfügung steht. Das sind in Deutschland derzeit etwa 870 Euro netto. Bei Kindern bezieht sich dieses Einkommen natürlich auf die Fürsorgeberechtigten. Tatsächlich betrifft Kinderarmut nicht nur die reine materielle Versorgung, sondern darüber hinaus die Gesundheit, die Bildung, die Beziehung zu Eltern und Geschwistern, die Lebensweise sowie die Zufriedenheit des Kindes.

In Deutschland gibt es 13 Millionen Kinder. Von denen leben 3 Millionen unterhalb der Armutsgrenze. Das sind mehr als 20 % oder jedes fünfte Kind. Diesen stehen pro Tag weniger als 29 Euro zur Verfügung. Mehr als 1,7 Millionen Kinder leben von Sozialhilfe. Das heißt, sie müssen von einem Tagessatz von ungefähr 7 Euro (0 bis 5 Jahre) bis 9,50 Euro (14 bis 17 Jahre) leben. Damit kann keine ausgewogene und gesunde Ernährung sichergestellt werden. Nach einer Schätzung des Paritätischen Wohlfahrtsverbandes leben in Deutschland zusätzlich mindestens 200.000 anspruchsberechtigte Kinder, für die keine Sozialleistungen in Anspruch genommen werden. Die Weltbank hat die Grenze zur »absoluten« Armut bei 1 US-Dollar Tageseinkommen gezogen. Damit steht zum Beispiel den von Hartz IV lebenden unter 5-jährigen

Kindern in Deutschland gerade einmal ein Betrag zur Verfügung, der nur 9 US-Dollar über der absoluten Armutsgrenze liegt.

Man stelle sich vor, es lebte eine reiche Familie mit fünf Kindern in einem großen, schönen Haus mit allem Komfort. Und Vater und Mutter hielten eines ihrer Kinder vor allen anderen in bitterer Armut. Es dürfte nicht am Tisch der Familie sitzen und bekäme nur minderwertige Nahrung, während es sich der Rest der Familie gut gehen ließe. Wie würde man wohl über eine solche Familie denken? Ganz richtig: So etwas tut man nicht!

Jedes Kind hat unabhängig von seiner sozialen Herkunft ein natürliches Recht auf gute Startbedingungen. Ist nicht die ganze Gesellschaft in Wirklichkeit eine große soziale Familie, in der ein jedes Kind einen natürlichen Anspruch auf die Liebe der Eltern, ja der ganzen Gesellschaft hat? Kinderarmut ist ein Skandal erster Ordnung und zutiefst unanständig. Armut steht in einem direkten Zusammenhang mit einer schlechten körperlichen und psychischen Entwicklung betroffener Kinder und mit Bildungsverarmung. Ein Teufelskreis, in dem eine Armutskarriere die nächste hervorbringt. Es liegt an den Erwachsenen, das fünfte Kind an den Familientisch zu holen. Es trägt keine Verantwortung für seine soziale Herkunft. Aber die ganze Gesellschaft trägt Verantwortung für seine Zukunftschancen. Es ist keine Frage der Gnade oder des Erbarmens, Kinderarmut abzuschaffen. Es ist eine Frage des Anstandes und der Verpflichtung gegenüber unseren Kindern.

Würde des Kindes

FÜR DIE GESAMTE SPANNE des menschlichen Lebens gilt: »Die Würde des Menschen ist unantastbar.« Aber ab wann ist ein Mensch ein Mensch? Eine einfache biologische Frage, die eine einfache Antwort kennt: mit der Vereinigung von Ei und Samenzelle. Damit beginnt zugleich die persönliche Entwicklung eines Menschen. Die Menschenwürde braucht sich nicht erst zu entwickeln. Niemand muss sie sich erst verdienen. Die Würde des Menschen ist allumfassend.

Anders sieht es mit der Persönlichkeit des Menschen aus. Die Persönlichkeit eines Menschen ist das Ergebnis seiner Entwicklung als Person. Diese Entwicklung ist von zahlreichen Bedingungen abhängig und verläuft daher für jeden Menschen einzigartig. Man kann sagen, der Mensch entsteht in jeder Person neu. Die Mütter und Väter unseres Grundgesetzes haben uns ein großes Geschenk hinterlassen: In Artikel 2 des Grundgesetzes heißt es: »Jeder hat das Recht auf die freie Entfaltung seiner Persönlichkeit.« Dieser Artikel ist mit Weisheit gesegnet. Denn heute wissen wir, dass die Persönlichkeit eines Menschen an seine Entwicklung gebunden ist und diese wiederum maßgeblich von seinen Lebensbedingungen abhängt. Das Recht auf die freie Entfaltung der Persönlichkeit umfasst daher den Anspruch auf den Schutz unserer Entwicklungsbedingungen von Anfang an. Menschenrechte für Kinder umzusetzen bedeutet, die besonderen Bedingungen der Kinderzeit hervorzuheben und nach dem Stand des Wissens gute Rahmenbedingungen für eine gute Persönlichkeitsentwicklung unserer Kinder zu schaffen. Eine Frage der Menschenwürde eben. Daher gilt: »Die Würde des Kindes ist unantastbar.«

Die Kindheit bezeichnet eine von vielen Entwicklungsphasen im Leben eines Menschen. Nach der UN-Kinderrechtskonvention sind Kinder Menschen, die das 18. Lebensjahr noch nicht vollendet haben. Im Kinder- und Jugendhilfegesetz der Bundesrepublik Deutschland steht: »Ein Kind ist, wer noch nicht 14 Jahre alt ist, Jugendlicher, wer

14, aber noch nicht 18 Jahre alt ist.« Natürlicherweise endet die Kindheit mit dem Eintritt der Geschlechtsreife. Die tritt in den Industrieländern heute zwischen dem 10. und 12. Lebensjahr ein. In den menschlichen Gesellschaften unterliegt der Kindheitsbegriff also einer mehr kulturell als biologisch geprägten Betrachtungsweise. Dies bleibt nicht ohne Folgen und ist ein Grund für so manche Fehleinschätzung, wenn es darum geht, zu erkennen, was Kinder und Jugendliche wirklich brauchen. Im Sozialgesetzbuch steht zum Beispiel: »Jeder junge Mensch hat ein Recht auf Förderung seiner Entwicklung und auf Erziehung zu einer eigenverantwortlichen und gemeinschaftsfähigen Persönlichkeit.« Die sich in der Jugendzeit herausbildende Eigenverantwortlichkeit und Gemeinschaftsfähigkeit können nicht »anerzogen« werden. Sie bilden sich vielmehr auf der Grundlage der in der Kindheit entwickelten emotionalen und sozialen Kompetenzen aus. Das Recht auf »Förderung seiner Entwicklung« schließt also das Recht auf gute Entwicklungsbedingungen während Schwangerschaft und Kindheit ein. Erziehung bezieht sich ebenfalls auf die Phase der Kindheit. Wie steht es hingegen um den Schutz jugendspezifischer Entwicklungsbedingungen? Neurobiologisch gesehen, steht die Ausgrenzung Jugendlicher von einer aktiven Teilhabe an den echten gesellschaftlichen Gestaltungsprozessen ganz oben auf der Liste der Jugendgefährdungen. Jugend heißt, Verantwortung zu übernehmen und mitzuwirken, die kulturellen Bezüge mutig weiterzuentwickeln. Selbstbestimmung und Gestaltungswille in sozialer Verantwortung sind natürliche Menschenrechte und gelten auch für Jugendliche.

Kinderspiel

»DAS IST DOCH EIN Kinderspiel«, sagen wir und meinen, dass etwas ganz einfach zu bewältigen sei. Kinderleicht eben. Schaut man Kindern beim Spielen zu, gewinnt man allerdings den Eindruck: Hier wird hart gearbeitet. Keine Spur von Leichtigkeit. Das Kinderspiel ist eine ernste Angelegenheit und bereitet doch Vergnügen. Spielen ist ein kindliches Grundbedürfnis. Daraus leitet sich das in der UN-Kinderrechtskonvention verbriefte Recht von Kindern auf Spiel ab. Spielen ist die eigentliche Hauptbeschäftigung von Kindern. Spielen ist ihr Beruf.

Definitionsgemäß ist Spielen eine Tätigkeit, die nur um ihrer selbst willen betrieben wird. Andererseits muss ein Verhalten, das einem Grundbedürfnis entspringt und außerdem so viel Vergnügen bereitet, einen bedeutenden Zweck erfüllen.

Spielen ist die Methode der Kinder, mit der sie die Welt verstehen lernen und ihre Persönlichkeit entwickeln. Dem Kinderspiel fällt damit eine wichtige Rolle bei der Entwicklung des Gehirns, im Besonderen des Stirnhirns, zu. Das Kinderspiel ist zugleich eine wichtige Voraussetzung für die Evolution des menschlichen Gehirns und der Kulturentwicklung.

Spielen ist Bildung. Kinder lernen spielend. Kinder sind, wenn man sie lässt, unablässig damit beschäftigt, Inhalte und Konzepte aufzugreifen, nachzuempfinden, darzustellen, anzupassen und zu verändern. Im Spiel werden erwachsene Verhaltensstrukturen nachgestellt und eingeübt, aber auch abweichende Verhaltensmuster ausprobiert. Und zwar gefahrlos. Spiel ist Simulation, ein individueller Optimierungsprozess. Das Spiel bietet Möglichkeiten zur Veränderung und ist so ein wichtiges Element der anhaltenden Anpassungsprozesse in den menschlichen Gesellschaftsstrukturen. Im Spiel setzt sich das Kind mit seiner Umwelt auseinander. Das Spiel erscheint dabei als eine äußerst zweckmäßige Methode der Verhaltensoptimierung.

Im Spiel sammelt das Kind Erfahrungen, die es im späteren Leben anwenden kann. Im Spiel ent-

wickelt das Kind, von allen anderen Pflichten befreit, seine motorischen, emotionalen, kognitiven
und sozialen Kompetenzen. Notwendige Qualitä-
ten für ein erfolgreiches Leben als Erwachsener.
Dabei dient das Spiel der Integration des Kindes in
die Gesellschaft. Gleichzeitig entstehen aber auch
innovative Verhaltensmuster, die den Keim der
Veränderung in sich tragen.

Spiel ist Abenteuer. Mal sehen, was passiert.
Diese Lust auf Abenteuer ist ein wertvoller An-
sporn bei der Suche nach dem Sinn des Lebens.
Im Spiel simulieren Kinder Erfahrungen in extre-
men und gefährlichen Situationen. Dabei lernen
sie, mit ihren Ängsten umzugehen, sie zu beherr-
schen. Das gelingt ihnen nur dann, wenn die äu-
ßeren Rahmenbedingungen so sind, dass sie sich
sicher und geborgen fühlen können, wenn alle ihre
Grundbedürfnisse befriedigt sind. Erst aus einem
Gefühl von Sicherheit und Vertrauen ist das Kind
in der Lage, in seiner Fantasiewelt einen angemessenen Umgang mit seinen Ängsten einzuüben.

Im Spiel erfährt das Kind das Gefühl von Macht
und Kontrolle. In der Wirklichkeit ist es den Erwachsenen vollständig ausgeliefert. Im Spiel kann
es die Bezüge umkehren. In der Welt der Fantasie
herrscht das Kind. Die eigene Macht zu spüren,

dem eigenen Gestaltungswillen freien Lauf zu lassen gelingt dem Kind nur im Spiel. Eine Grundbedingung für die Entwicklung einer eigenständigen Persönlichkeit.

Verwahren & Bewahren

IN HERDERS KONVERSATIONSLEXIKON von 1855 findet sich noch kein Eintrag zum Kindergarten, wohl aber zur Kinderbewahranstalt: »Anstalt zur Aufnahme und Verpflegung kleiner Kinder armer Eltern unter Tags, während diese ihrem Verdienste nachgehen«. Klingt ziemlich aktuell. Kindergärten gab's zwar noch nicht, aber die Zweckbestimmung der damaligen Anstalten zur Bewahrung von Kindern deckt sich noch immer ganz gut mit der Anspruchshaltung vieler Eltern und Politiker von heute.

Die im 18. Jahrhundert beginnende Industrialisierung veränderte die Gesellschaften in Europa radikal. Es entstand eine neue soziale Schicht, die der Industriearbeiterschaft. Sie war geprägt durch Verarmung und Verelendung. Die neuen Fabriken schufen zwar Arbeitsplätze, führten die Arbeiter aber zugleich in eine Lohnabhängigkeit ohne nennenswerte soziale Absicherungen. Vielfach mussten Frauen und Kinder mitarbeiten, damit die Familien überleben konnten. Die bis dahin in weiten Teilen bestehende Einheit von Wohnen und Erwerbsleben wurde aufgebrochen. Das zerstörte die behütenden häuslichen Strukturen für die Kinder und Kleinkinder. Es entstand das Proletariat mit einer Verelendung der Kinder, die der Not gehorchend zunehmend sich selbst überlassen wurden. Die frühe Betreuung, Erziehung und Bildung der Kinder wurden zu einem sozialen Problem.

Ende des 18. Jahrhunderts entstanden die ersten »halb offenen« Einrichtungen zur Kinderfürsorge. Darin wurden Kinder im Vorschulalter von sogenannten Wartefrauen, Frauen aus wohlhabenden Bürgerfamilien, »gewartet«. Diese Einrichtungen hießen daher Wartezimmer oder Warteschulen. Aus diesen privaten Initiativen gingen dann im beginnenden 19. Jahrhundert die Kinderbewahranstalten hervor. Unbeaufsichtigte Kinder verwahrlosten, gingen stehlen und betteln. Viele wurden in der Abwesenheit der Eltern einfach zu Hause eingeschlossen. Nicht wenige kamen bei Unfällen ums Leben. Die Bewahranstalten sollten sie vor solchen Zuständen »bewahren«. Die Kinder sollten in erster Linie durch Zucht und Beschäftigung, Anhalten zu Reinlichkeit, Gehorsam, Pünktlichkeit, Ordnung, Fleiß, Genügsamkeit und Gottesfurcht vor körperlicher und sittlicher Verwahrlosung geschützt werden. Das vornehme Ziel der bürgerlichen Damen war dabei nicht ganz uneigennützig, dienten diese Tugenden doch einem Leben in Fügsamkeit und Armut. Es ging also von Anfang an um mehr als nur um »Verwahrung«. In diesen Einrichtungen wurden den Kindern allerdings vielfach Bedingungen geboten, die besser waren als die, die sie zu Hause bei ihren Eltern vorfanden.

In Bayern hat sich König Ludwig I. für sogenannte Kleinkinderschulen eingesetzt. Er genehmigte 1833 die erste Kinderbewahranstalt in München. Wahrscheinlich beeinflusst durch seine jüngere Schwester Charlotte, die sich gerade als Kaiserin von Österreich mit der Gründung solcher Einrichtungen hervortat. Dabei legte Ludwig I. Wert auf die Anregung, dass dort nicht die Arbeit oder der Unterricht, sondern der »Frohsinn« an erster Stelle stehen solle. Seiner Schwester kamen jedoch schon bald Bedenken. Nach der Gründung des »Zentralvereins für Kinderbewahranstalten«, 1831 in Wien, deren Schirmherrin die Kaiserin war, machte sie sich Sorgen, dass zu viel Aufklärung der »niedrigen Klassen« vielleicht doch etwas gefährlich sei. Erst mit der Übertragung der Zuständigkeit für die Kinderbewahranstalten auf die katholische Kirche legten sich ihre Bedenken wieder.

Fördern & Bilden

SCHON DIE FRÜHEN EINRICHTUNGEN zur Kinderbetreuung waren mehr als bloße Notlösungen oder Ersatz für abwesende Eltern. Es waren immer auch Orte, an denen Bildung vermittelt wurde. Während sich die Kaiserin von Österreich noch Sorgen wegen möglicher Gefahren durch zu viel »Aufklärung« von Kindern armer Leute in den von ihr gegründeten und geförderten Bewahranstalten machte, gab es in Deutschland jemanden, dessen Sorgen in eine ganz andere Richtung zielten: Friedrich Fröbel. Für die von ihm gegründeten Einrichtungen zur Betreuung von Vorschulkindern führte er die Bezeichnung »Kindergarten« ein. Den ersten Kindergarten gründete Fröbel 1837 in Blankenburg. Fröbel wollte die Kleinkinder nicht bloß aufbewahren und disziplinieren, sondern ihren Spiel-

und Bewegungsdrang fördern und sich frei entwickeln lassen. Mit Fröbel hielten erste pädagogische Konzepte Einzug in die Kleinkindbetreuung. In der Vorstellung Fröbels sollte sich jedes Kind wie eine Pflanze, vom Gärtner liebevoll gepflegt, ganz harmonisch entwickeln. Mit Gesang und Spiel. Der Kindergarten sollte die Erziehung der Familien ergänzen und dazu beitragen, die Kleinkinder bei der Entwicklung ihrer geistigen, emotionalen, sozialen und kreativen Fähigkeiten zu unterstützen. Es ging ihm um die Schulung der Sinne, um motorische Fertigkeiten, um die Förderung der Persönlichkeitsentwicklung insgesamt. Noch heute klingt Fröbel modern und aktuell, wenn er schreibt: »Es ist die Aufgabe der Kindergärten, das Kind zu einem solchen selbstbewussten Wesen zu erheben, das sich klar wird über des Menschen innerstes Wesen, über die Natur und sein Verhältnis zu Anderen.« Ein Anspruch, der bis in unsere Tage Gültigkeit hat.

Jedes Kind hat das Recht auf Bildung und Unterstützung in einem angemessenen Lernumfeld. Gemäß der UN-Kinderrechtskonvention muss die Bildung des Kindes darauf ausgerichtet sein, die Persönlichkeit, die Begabung und die geistigen und körperlichen Fähigkeiten des Kindes voll zur

Entfaltung zu bringen. Das sind Bildungsziele, deren Grundlagen in der Vorschulzeit gelegt werden. Moderne Kindergärten und Kitas müssen daher zu einem wesentlichen Teil des Bildungswesens gemacht werden. Aber wie sieht die Realität aus? Hat wirklich jedes einzelne Kind eine echte Chance zur freien Entfaltung seiner Persönlichkeit? Dazu braucht es gute, besser noch sehr gute Entwicklungsbedingungen. Bildung ist eine Sache des Herzens und des Verstandes. Die Chancen unserer Kinder hängen ganz entscheidend davon ab, inwieweit es uns gelingt, Bedingungen zu schaffen, unter denen sie ihre Schlüsselqualifikationen für ein Leben in Freiheit und Selbstbestimmung erwerben können. Das sind in erster Linie motorische, emotionale, kreative und soziale Kompetenzen. Die Grundlagen dafür werden in den ersten sechs Lebensjahren erworben. Gute Lebensbedingungen erhalten Kinder gesund und glücklich. Nur gesunde und glückliche Kinder entwickeln sich zu freien und selbstbestimmten Erwachsenen.

Während der zurückliegenden Jahrmillionen war Bildung von Kindern nie eine rein »private« Aufgabe der leiblichen Eltern. Schon Kleinkinder haben immer in der sozialen Gemeinschaft gelebt und gelernt. Nur im sozialen Miteinander können sich die Menschen das Rüstzeug zulegen, das sie zum Überleben brauchen. Die Menschen entwickeln sich nicht isoliert, sondern als soziale Wesen. Kinder haben also ein natürliches Recht auf Bildung in der sozialen Gemeinschaft.

Kita & Stirnhirn

»MEINE KINDERGARTENTASCHE«, DENKT LUKAS. »Aus Leder! Mit Steckverschluss aus Messing und Ledergurt zum Umhängen. Mein erster Survival-Pack. Gerade groß genug für ein Butterbrot und einen kleinen Apfel. Die Tasche riecht nach Abenteuer. Und das Butterbrot nach Mama. Das tut gut, hier draußen bei all den anderen Kindern.« Ganz gut für den Anfang, oder? Es ist sein erster Tag im Kindergarten. Und er ist mächtig stolz. Vielleicht auch ein wenig aufgeregt. Was darf er hier erwarten? Was wird ihn hier erwarten?

Für gewöhnlich geht das Kind nach dem 3. Lebensjahr in den Kindergarten oder in die Kita. Bis dahin hat es unter günstigen Voraussetzungen sein Urvertrauen und eine gute Bindungsfähigkeit entwickelt. Beides gibt ihm die erforderliche Sicherheit, der eigenen natürlichen Neugierde in diesem Alter nachzugeben und sich auf das Abenteuer täglich neuer Eindrücke und Lernsituationen in der sozialen Gruppe einzulassen. Jetzt beginnt ein neuer wichtiger Abschnitt im Leben des Kindes. Eine wirklich tolle und spannende Zeit. Sein Stirnhirn ist jetzt so weit entwickelt, dass es über ein ziemlich gut funktionierendes Arbeitsgedächtnis (oder Kurzzeitgedächtnis) verfügt. Zusammen mit dem in den letzten 3 Jahren entwickelten Urvertrauen und der engen Bindung an die Mutter, den Vater und/oder eine oder mehrere andere Bezugspersonen ist das Kind jetzt in der Lage und willens, sich zeitweise von diesen Personen aktiv zu entfernen, um die Welt zu erforschen. Es weiß jetzt, dass diese Bezugspersonen, die für Liebe und Wärme, Schutz und Sicherheit stehen, noch da sind, auch wenn es sie nicht mehr sehen kann. Es weiß, dass sie es wieder abholen werden. Jetzt beginnt die Zeit der großen Abenteuer, die Zeit der frühkindlichen Entdeckungen.

Worum es in dieser Zeit nicht geht, ist ein Sammeln von abrufbarem Faktenwissen. Dazu ist das Kind in diesem Alter noch gar nicht in der Lage. Noch verfügt es über kein Langzeitgedächtnis für ein solches Wissen. Dies fängt erst an zu funktionieren, wenn das Kind eingeschult wird, also so mit 6 Jahren. Jetzt, in einem Alter von 3 bis 6 Jahren, benötigt das Kind noch kein Langzeitgedächtnis. Es würde jetzt bloß stören. Dieses bewusste Reflektieren von Vorgängen, dieses Bewerten von Neuem und Vergleichen mit Erfahrenem, dieses Ausblicken in die Zukunft, dieses Abwägen und Abschätzen von Risiken eigener geplanter Handlungen, kurz, das Leben in der Zeit als Ausdruck eines hoch entwickelten Stirnhirns, zu all dem ist das Kind in diesem Alter noch nicht in der Lage. Bevor diese wichtigen Stirnhirnfunktionen in den Dienst gestellt werden und bevor sich der Mensch als Schulkind einer kritischen Aufnahme von Kulturwissen widmen kann, muss das Kind wichtige Schlüsselqualifizierungen erwerben. Und zwar seine motorischen, emotionalen, kognitiven und sozialen Kompetenzen! Dies kann es nur in der Vorschulzeit tun.

Eine optimale Entwicklung dieser Kompetenzen benötigt angemessene Umweltbedingungen, ein angemessenes Lebensumfeld des Kindes. Diese Kompetenzen sind das Ergebnis von aufwendigen Lernprozessen, das heißt Anpassungsprozessen im Gehirn infolge zahlloser Wechselwirkungen zwischen dem Kind und seiner Umwelt. In dieser Zeit entwickelt sich so das Fundament der menschlichen Persönlichkeit, eine Entwicklung, die mit dem Eintritt in die Schule im Wesentlichen abgeschlossen ist. Die wichtigste Zeit für die freie Entfaltung der Persönlichkeit fällt also genau in die Kindergartenzeit.

Chancen & Risiken

WAS BRAUCHT EIN VORSCHULKIND, um seine Persönlichkeit möglichst gut entwickeln zu können? Diese Frage ist von zentraler Bedeutung. Denn jedes Kind hat ein durch die Verfassung geschütztes Recht auf freie Entfaltung seiner Persönlichkeit. Die Zeit zwischen dem vollendeten dritten und sechsten Lebensjahr ist für die Persönlichkeitsentwicklung entscheidend. Hier werden Weichen für das ganze weitere Leben gestellt. In diesen drei Jahren werden die Chancen der Kinder verteilt, die guten wie die schlechten. In dieser Zeit werden aussagekräftige Prognosen für ganze Lebensläufe geschrieben. Wir reden also nicht über Kleinigkeiten! Die Kindergartenjahre sind die Jahre, die unserer besonderen Aufmerksamkeit bedürfen, wenn wir unserer Verantwortung gegenüber unseren Kindern und der Zukunft gerecht werden wollen.

Welche Bildungsangebote kann ein Kind heute von einer Kita erwarten? Ein wichtiges Qualifizierungsfeld ist die Kommunikationsfähigkeit des Kindes. Das Kind kann also erwarten, bei der Entwicklung seiner Sprach- und Lesekompetenzen Unterstützung zu finden. Die Persönlichkeit des Menschen ist eng mit seinem Sozialverhalten verknüpft. Das Kind darf also weiterhin erwarten, bei der Entwicklung seiner sozialen Kompetenzen Unterstützung zu finden. Das beinhaltet auch die Bereitstellung von Zugängen zur Vermittlung von Werten und einer religiösen Bildung. Des Weiteren haben Kinder ein natürliches und durch die UN-Kinderrechtskonvention verbrieftes Recht auf eine Vermittlung von Natur- und Kulturerfahrungen. Das Kind darf also ebenso erwarten, dass ihm Zugänge zu naturwissenschaftlichen, mathematischen und musischen Betätigungen bereitgestellt werden. Wichtig für jede Entwicklung sind körperliche Gesundheit und Fitness. Das Kind darf daher mit Recht erwarten, dass es vielfältigen Anregungen zur körperlichen Bewegung, zu sportlicher Betätigung und einer insgesamt gesunden Lebensführung ausgesetzt wird. Dazu gehört auch eine gesunde Ernährung, die erfahren und gelernt werden muss. Um solche Bildungsangebote auch zu Bildungserfolgen bei den Kindern werden zu lassen, bedarf es kleiner, familienartiger Gruppen, die im Besonderen eine individuelle Betreuung unter Berücksichtigung von individuellen Rhythmen und Neigungen von Klein- und Vorschulkindern gewährleisten.

Die UN-Kinderrechtskonvention verbietet jede Form von »Bonsai-Pädagogik«. Kinder dürfen nicht zurechtgestutzt und in Form gebracht werden. Das Bildungsziel für Kinder im Vorschulalter besteht nicht in Unterwürfigkeit und Hinnahme von Fremdbestimmung. Die Aufgaben eines Gärtners im Kindergarten sind die Pflege und Begleitung der freien Entfaltung seiner Sprösslinge. Wenn er sie »deckelt«, werden sie immer blasser und gehen ein.

Kitas sind Orte einer institutionalisierten und organisierten frühkindlichen Betreuung und Bildung. Doch erst durch »Hingabe« und »Liebe« zu den Kindern werden aus Kitas wirklich wertvolle kulturelle Einrichtungen. Kitas können toll sein. Kitas können Schutz und Zugänge zu verbesserten Entwicklungschancen bieten. »Ein ganz unerlässliches Erfordernis einer guten Kinderführerin in

einer Bewahranstalt ist, dass dieselbe kleine Lied-
chen singen kann«, schrieb Fröbel 1842. Das war
sicher nie genug. Zur Befriedigung ihres breiten
Bildungsanspruchs brauchen Kinder ein nach
dem Stand der Wissenschaft ausgebildetes, hoch
qualifiziertes und hoch motiviertes Personal, das
imstande ist, frühkindliche Bildung über professi-
onelle Dienstleistungen mit höchsten Qualitätsan-
sprüchen zu vermitteln. So etwas gibt es natürlich
nicht zum Null- oder Discounttarif. Echte Top-Jobs
eben!

Förderwahn & Zaubertrank

KINDER SIND VON NATUR AUS ständig im »Einsatz« und empfinden ihren eigenen Leistungswillen als positive Kraft. Und doch stehen heute schon Kleinkinder unter einem ungeheuren Leistungsdruck. Gerade Eltern aus der Mittelschicht scheuen kaum einen Aufwand, um ihren Nachwuchs möglichst »optimal zu fördern«. Die passende Förderindustrie hat sich längst marktgerecht aufgestellt. Das Ziel heißt: Optimierung von Kindern.

Babykurse als Einstieg in die Leistungsgesellschaft. Freies Spielen und Spontanität als Ausdruck purer Lebensfreude? Alles Zeitverschwendung! Nur wer viel leistet, kommt weiter. Der Terminkalender unserer lieben Kleinen ist zum Bersten voll mit Pflichtprogrammen beim Baby-Yoga, Ballett und Gitarrenunterricht. Das Leistungsdenken der Erwachsenen hat sich der Kindheit bemächtigt.

Die Folgen sind beängstigend. Immer mehr Kinder erleben sich als Versager. Das Gefühl, den hohen Erwartungen der Eltern, Erzieher und Lehrer nicht gerecht werden zu können, macht krank. Viele Kinder leiden schon vor der Einschulung an Kopf- und Bauchweh, Appetit- und Antriebsschwäche, Angst und Depressionen, Anzeichen von Überforderung und Stress. Mit der Einschulung wird es nicht besser. Im Gegenteil. Unser Schulsystem erklärt die Kindheit endgültig für beendet. Die Gesetze der Leistungs- und Erfolgsgesellschaft sind in unseren Grundschulen in vollem Umfang gültig. Immer mehr Kinder drohen unter der Belastung zu zerbrechen.

Dann gibt es Zaubertrank gegen Einschlafstörungen und Konzentrationsschwächen. Das Alltagsdoping der Eltern hat längst Einzug in Kita und Schule gehalten. Schon die Kleinsten bekommen Multivitaminpräparate, Traubenzucker und Mittel, die ihre Konzentration erhöhen sollen. So wird ihnen früh vermittelt, dass sie aus eigener Kraft nicht leistungsfähig genug sind, um den Anforderungen der zu »Early Learning Centers« mutierten Kindergärten, in denen sie zu »Little Giants« geformt werden sollen, zu genügen. Mit fatalen Folgen für das Selbstwertgefühl.

Viel zu früh projizieren wir unsere Sorgen, Ängste und Erwartungshaltungen in unsere Kinder. Kinder entwickeln sich von ganz alleine. Wir sollten diese Entwicklung zulassen. Dazu gehört in erster Linie die Gewährung angemessener Lebensbedingungen. Förderprogramme haben für gesunde Babys und Kleinkinder, die in einem anregenden familiären Umfeld mit viel Liebe, Wärme und Zuwendung zuhause sind, überhaupt keinen Nutzen. Im Gegenteil. Sobald ein Kind Druck spürt, wird es in seiner Entwicklung gestört. Die Entwicklung eines Kindes wird umso mehr gelingen, je weniger wir es methodisch fördern. Vorschulkinder brauchen keine Animation für eine gesunde Entwicklung. Die um sich greifende Überpädagogisierung des Vorschulalters wirkt sich eher hemmend auf die Entwicklung der menschlichen Kernkompetenzen im Kindesalter aus. Für die gesunde Entwicklung einer stabilen Persönlichkeit ist es wichtig, dass ein Säugling, Kleinkind, Kindergartenkind und später das Schulkind spürt, dass es seine Erfahrungen frei und ungezwungen machen kann. Dass die Liebe zu Mama und Papa und das Gefühl von Geborgenheit nicht an Bedingungen geknüpft werden.

Leistung ist nicht alles. Menschen wollen Erfolg. Um im Leben Erfolg zu haben und für die Gemeinschaft wertvoll zu sein, bedarf es mehr als den Willen und die Kraft zum Sieg: Die Fähigkeit Niederlagen zu überstehen, nicht den Mut zu verlieren. Empathie, Hilfsbereitschaft und Humor sind von entscheidender Bedeutung. Diese Merkmale werden als Teile der gesamten Persönlichkeit in der Familie, im eigenen Milieu, erworben und eingeübt. Leistung allein ist wertlos. Persönliche Leistungsbereitschaft muss in eine sozialverträgliche positive Grundhaltung, an der der Einzelne gemessen wird, eingebunden sein. Diese Qualifizierung erwirbt ein Mensch als Kind im liebevollen Miteinander in der Familie.

Bewegung

DIE SCHÖPFUNG HAT LEBEWESEN hervorgebracht, die sich bewegen können. Bewegung ist Verhalten. Die Lebewesen unterscheiden sich in ihren Ansprüchen an die Umwelt und haben Strategien entwickelt, für sie günstige Umweltbedingungen aktiv aufzusuchen und ungünstige Bedingungen aktiv zu meiden. Das geht am besten mit Bewegung. Mit ihrer Bewegungsfähigkeit haben die Tiere nahezu alle Winkel der Erde, im Wasser, auf dem Land und in der Luft, für sich erschlossen. Dort wird geschwommen, gekrochen, gelaufen, gesprungen und geflogen. Viele Arten sind gleich in mehreren Disziplinen zu Hause. Selbst ortsfeste Vertreter, wie die Steinkorallen, sind nicht faul und zeigen ein reiches Bewegungsverhalten.

Der Mensch verdankt seine heutige Rolle als

Kulturwesen unter anderem der Tatsache, dass er sich vor ungefähr sechs oder sieben Millionen Jahren aufgerichtet hat, um die neu entstandenen riesigen Grassteppen in Afrika auf zwei Beinen zu erkunden. Seitdem hat sich viel getan, was ohne Bewegung nicht ins Rollen gekommen wäre. »Bewegung in eine Sache bringen« bedeutet, etwas anzustoßen, zu bewirken, zu gestalten. Bewegung ist Leben, Stillstand ist Tod.

Bewegung war ursprünglich Überlebensvoraussetzung, notwendig zur Jagd und für Erkundungen. Bewegung war der Motor des Entdeckungsdrangs. Noch heute bei Kleinkindern zu bewundern, die gerade anfangen zu laufen. Spätere Entdeckungen von älteren Kindern und Erwachsenen werden heute zunehmend im Sitzen gemacht. Schüler lernen im Sitzen. Über Jahrmillionen eine abwegige Vorstellung. Der Mensch ist gerne in Bewegung. Er ist ein Läufer. Daran ist er gut angepasst. Insofern zählt Schaufensterbummeln zu den ganz normalen menschlichen Verhaltensweisen. Weder sitzt noch rennt er gerne für längere Zeit. Beides ist mit Stress verbunden.

Der Mensch hat im Laufe seiner Entwicklung das Denken beim Laufen gelernt. Die rhythmischen Bewegungsabläufe unterstützen seither seine Assoziationsleistungen. Selbst unsere verhältnismäßig junge Symbolsprache ist von dieser Rhythmik geprägt. Seit Jahrhunderten gehen Mönche die Psalmen singend durch den Kreuzgang, um so im Gleichklang von Bewegungs- und Sprechrhythmus den Textgehalt ganz zu erschließen und zur Ruhe zu finden. Diese harmonische Synchronisierung von Bewegung und Sprache, am ehesten im Tanzen und Singen, weitet die Zugänge zu einem ganzheitlichen Erfassen und Verstehen (»Erleuchtung«). Das mag daran liegen, dass die kognitiven Fähigkeiten der Menschen auf Strukturen im Gehirn beruhen, die sich aus den Strukturen entwickelt haben, die für unser Bewegungsverhalten verantwortlich sind.

Früh übt sich, wer ein Meister werden will. Daher beginnt der Mensch seine Bewegungsübungen schon im Mutterleib. Der Uterus ist ein wahres Trainingscamp für Nerv-Muskel-Interaktionen. Die ersten koordinierten Bewegungen zeigt der Mensch als Embryo ab einem Alter von 6 Wochen. Das Erste, was eine Mutter von ihrem Baby wahrnimmt, noch bevor sie es sieht, sind seine Bewegungen: »Fühl doch mal, es bewegt sich!« Kindern braucht man keine »Beine zu machen«. Kaum geboren, sind sie voller Bewegungslust und Bewegungsfreude. Eine gesunde Entwicklung ist ohne die vom Kind selbst veranlassten Aktivitäten nicht möglich. Bewegung macht klug. In den körperlichen Auseinandersetzungen mit sich selbst, den anderen und all den Dingen, die es vorfindet, entstehen Konzepte über das eigene Ich und die ganze Welt. Beim Hüpfen und Springen, Klettern und Rennen, Raufen und Kämpfen entwickeln sich Selbstwertgefühl, Toleranz, Empathie und Durchsetzungsvermögen wie von selbst. Gebt euren Kindern Bewegungsfreiheit!

Fantasie

DIE BESTIMMUNG DER KINDHEIT liegt im Spiel. Aus der Sicht des Kindes ist die Welt, auf die es zugeht, unendlich groß und unerforscht. Alles ist neu und jeder Moment voller Überraschungen. Alle Eindrücke aus der realen Welt können von jedem Kind zu jeder Zeit frei und neu bewertet werden. Jedes Kind schafft sich im Spiel die Welt gewissermaßen neu. Im freien Umgang mit seinen Erfahrungen verfügt das Kind über nahezu uneingeschränkte kreative Spielräume. Dabei helfen ihm seine natürliche Neugierde und vor allem seine Fantasie.

In der kindlichen Fantasie spiegelt sich göttliche Allmacht. Im Anfang war das Wort [Johannes 1,1]. Das Kind spricht zu einem Stein, und er wird zu dem, was es sagt. Wir sagen, das Kind tue so, als ob. Das Kind weiß es besser. Es sagt: »Werde!«, und es wird. Die Fantasie herrscht als Schöpfer von Welten im Reich der Kinder. Das Spiel dient als Schwungrad der kindlichen Entwicklung im Spannungsbogen von Nachahmung und kreativer Veränderung, das kindliche Spiel als Prüfinstanz der Realität. Das Kind erfasst und verändert die Welt im Spiel. So, wie das Kind spricht, so geschieht es.

Tatsächlich wird das freie Spiel der Kinder zunehmend durch zahlreiche Interessen von außen gestört. Diese Interessen kommen aus der Welt der Erwachsenen und haben Namen wie Pädagogik oder Kommerz. Wird dieser Einfluss zu groß, geraten die Fantasie und mit ihr die Kindheit selbst in Gefahr.

Für Kinder haben Spielsachen (Spielzeug) eine große Bedeutung. Sie sind Stellvertreter, die sie nach Belieben manipulieren können. Spielzeug gibt es seit prähistorischen Zeiten, und es hat die Menschen wohl seit Beginn ihrer Entwicklung begleitet. Die Vorläufer der Teddys und Barbies waren puppenartige Figuren aus Ton. Umso verwunderlicher, dass es erst seit dem 19. Jahrhundert ein eigenes Gewerbe zur Herstellung von Spielzeug gibt. Erst im 20. Jahrhundert kam die Massenproduktion von Spielzeug auf. Mitte des 20. Jahrhunderts hat dann das Marketing das Kind für sich entdeckt. Seitdem gibt es einen Trend zur Kommerzialisierung des Kinderspiels selbst durch eine Vermarktung der kindlichen Fantasie. Spielprodukte werden in vermarktungsfähige Parallelwelten eingebunden. Diese Parallelwelten sind inzwischen wichtiger als das Spielzeug selbst. Schützenhilfe kommt vom Fernsehen. Mit diesem Medium verfügen alle, die sich aus kommerziellen Gründen mit dem Kinderspiel beschäftigen, über einen hoch effizienten direkten Zugang zu der Fantasie der Kinder. Spielten Kinder bis dahin noch die selbst erlebte Welt der Erwachsenen nach, nehmen deren Platz heute Fernsehserien ein. Das fantasievolle Spiel bietet die Möglichkeiten von Erneuerung und Weiterentwicklung, die Entwicklung der kindlichen Persönlichkeit an der Wirklichkeit. Im Nachspielen vorgefertigter Fantasiewelten wird dies, wenn überhaupt, nur noch sehr unzureichend gelingen. Es bleibt zu hoffen, dass es den Kindern gelingt, genügend Fantasie vor diesen Fantasieräubern zu verstecken, um ihr heiliges Spiel gegen diese Kommerzialisierung zu verteidigen.

Was für ein starker Freund ist dagegen der Teddy. Ihm kann das Kind all seine Gefühle und Geheimnisse anvertrauen. Er wird es niemals verraten.

Märchenzeit

»UND WENN SIE NICHT gestorben sind, dann leben sie noch heute!« Bloß eine ritualisierte, formelhafte Schlussbemerkung? In der Art, wie sie bei Moderatoren von Nachrichtensendungen und Talkshows in Mode ist? Oder doch mehr? Eine mit Bedacht platzierte Wiederholung? Auf den ersten Blick sagt uns dieser Satz nur, dass der lebt, der nicht tot ist. Der Tod wird also im Märchen nicht besiegt. Das Thema der Märchen ist das Leben: »Und sie lebten glücklich und zufrieden bis ans Ende ihrer Tage!« Nur im Wahrnehmen des eigenen Glücks werden Märchen wahr. Märchen sind positive Grunderfahrungen für die Entwicklung von Strategien zur Lebensbewältigung. Nur in der Liebe findet das Leben seinen Sinn. Märchen vermitteln Hoffnung. Aus der märchenhaften Sicherheit eines guten

Ausgangs der Geschichte erwächst die eigene Zuversicht auf ein schönes Leben. Und darauf, dass sich die Mühe lohnt. Am Ende wird alles gut, märchenhaft schön. Die Hexe brennt im Ofen und die Kinder sind frei.

Kinder suchen den Sinn des Lebens. Dazu brauchen sie Märchen genauso wie Fantasie im Spiel. Die Erwachsenen sagen: »Erzähl mir doch keine Märchen!«, und meinen: »Du musst mich nicht für dumm verkaufen!« Ein Kind würde das nie sagen. Märchen erzählen zwar nicht die Wahrheit, sind aber keine Lügengeschichten. Lügen gibt es nur in der realen Welt. Die Fähigkeit, zu lügen, ist eine komplexe Anpassungsleistung des Gehirns und zeugt von sozialer Kompetenz. Die handelnden Figuren in Märchen verfügen über keine sozialen Eigenschaften. Sie teilen sich dem Leser und kindlichen Zuhörer nicht über ihre Gedanken, sondern über ihre Handlungen und Taten mit. Die Figuren sind wahrhaftig und ehrlich entweder gut oder böse. Es gibt kein Coming-out der bösen Hexe als barmherzige Samariterin. Es gibt keine Zwischentöne. Alles ist verlässlich, klar und eindeutig. Natürlich muss das Böse verlieren und das Gute gewinnen. Und zwar immer! Mit den Helden kann sich das Kind identifizieren. Konflikte lassen sich lösen! Diese Verlässlichkeit ist die Grundlage für die Entwicklung von Vertrauen in die Zukunft, in das eigene Leben.

Deshalb wollen Kinder dieselben Märchen immer wieder hören. Natürlich wissen sie schon nach dem ersten Mal, wie die Geschichte ausgeht. Aber darauf kommt es nicht an. Märchen sind Nahrung für die Kinderseele. Die magische Sicht der Märchen mit ihren Bildern und Symbolen von der Welt und den Menschen regt die kindliche Fantasie an. Die klare Trennung von Gut und Böse bietet ersten Halt und Orientierung. Angekuschelt wollen sie immer wieder die Gefühle durchleben, die mit den inneren Bildern verknüpft sind, die durch die Märchen hervorgerufen werden. Diese Gefühle müssen eingeübt werden, die sozialen Wertmaßstäbe müssen wachsen und sich verfestigen. Märchen sind Übungs- und Lernwelten für den Erwerb von emotionalen und sozialen Kompetenzen.

Irgendwann sind die Kinder stark genug für die Zwischentöne, für die Widersprüche, für die Siege des Bösen in der Welt. Dann können sie das alles ertragen, ohne zu zerbrechen. Dann brauchen sie keine Märchen mehr. Als Erwachsene müssen sie schließlich verkraften können, dass sich die Dinge gelegentlich anders entwickeln als erhofft. Dass nicht jeder Traum in Erfüllung geht. Dass es Ungerechtigkeiten gibt, die zum Himmel schreien. Diese Kraft beziehen sie aus der eigenen Vertrauensstruktur, die sie auf den fantastischen Reisen durch die Märchenwelten ihrer Kindertage aufgebaut haben.

Tigermütter

IM FEBRUAR 2011 GING in China das Jahr des Tigers zu Ende. Der Tiger zählt zu den stark bedrohten Tierarten. Sein größter Feind ist der Mensch. In weiten Teilen seiner angestammten Lebensräume ist er inzwischen verschwunden. Einige Unterarten, wie der Bali-Tiger, sind ganz ausgestorben. Anfang 2011 konnte der WWF eine positive Bilanz in seiner Kampagne gegen die weltweite Ausrottung des Tigers vorlegen. Ein erfolgreiches Jahr für den Tiger. Dabei wird leicht übersehen, dass von Tigern auch eine Gefahr für den Menschen ausgehen kann. So konnte im Schatten der lobenswerten Maßnahmen des WWF eine Unterart unbemerkt zu beachtlicher Stärke heranwachsen. Diese Tigerart scheint ausschließlich aus Weibchen zu bestehen: der »Tigermutter«. Da die Weibchen regelmäßig Nachwuchs bekommen, kann die Existenz von Männchen natürlich nicht völlig ausgeschlossen werden. Es gibt Hinweise, dass sich die Männchen nach Erbringung ihrer Fortpflanzungspflichten augenblicklich in die Büsche schlagen. Vielleicht, um nicht in die eigentümlichen Erziehungsmethoden ihrer Artgenossinnen verwickelt zu werden.

Während der chinesische Kalender für das neue Jahr im Zeichen des Hasen einen eher ruhigen und sanftmütigen Verlauf verspricht, setzt die Tigermutter zum Sprung in die deutschen Kinderzimmer an. Über den Atlantik ertönt die »Schlachthymne der Tigermutter«. Dem Ruf folgen viele Leser und bescheren der »Mutter des Erfolgs« eine beachtliche Aufmerksamkeit. Es beginnt das Jahr der Tigermutter. Das Erziehungskonzept der Tigermutter umfasst psychische und physische Gewalt gegen Kinder als Mittel zum Zweck. In der Schlachthymne werden Handlungen an Kindern beschrieben, die in Deutschland den Tatbestand der Kindesmisshandlung erfüllen. Kinder sollen mit Disziplin und Strafe zum Erfolg geführt werden. Schon das Androhen von Strafen ist Gewalt. Die Tigermutter möchte, dass ihr Kind perfekt Klavier spielt. Bleibt der Erfolg aus, droht sie mit dem

Entzug von Essen und Trinken. Der Gang zur Toilette wird verwehrt, bis das Stück am Klavier sitzt. Aufkeimender Widerstand wird gebrochen, indem das Kind an kalten Wintertagen aus dem Haus ausgesperrt wird.

Tigermütter setzen ihren Kindern Ziele, die nicht deren eigene sind. Sie lassen ihre Kinder früh leiden. Tigermütter verlangen Disziplin und Gehorsam und verhindern so die Entwicklung der »Starkmacher« Selbstvertrauen und Begeisterung. Tigermütter schüren Versagensängste. Tigermütter wollen ihre Kinder nach eigenem Entwurf gestalten. Tigermütter verstehen ihre eigenen Kinder als Projekte, sich selbst als Projektleiterinnen einer zielgerichteten und erfolgsorientierten Kindesentwicklung. Ein Scheitern ist nicht vorgesehen. Es zählt nur der Erfolg um jeden Preis. Das Kinderzimmer wird zum »Boot-Camp«.

Jedes Kind ist von Natur aus vollkommen. Liebe darf nicht an den »Erfolg« einer Anstrengung des Kindes gekoppelt werden. Kinder brauchen bedingungslose Liebe. Auch ohne Medaille der Liebe der Eltern sicher zu sein macht stark. Bedingte Liebe macht krank: Bis zu 1 % der Vorschulkinder, 2 % der Schulkinder und 10 % der Jugendlichen leiden unter Depressionen. Kinder fürchten sich vor der

Tigermutter. Dann flüchten sie als Tigerente mit den Freunden Tiger & Bär auf abenteuerlichen Wegen ins Land ihrer Träume, wo sie sich vor nichts mehr zu fürchten brauchen.

Lufthoheit

WENIGE TAGE NACH DEM Beginn des Zweiten Welt-
krieges melden die deutschen Streitkräfte die Lufthoheit über Polen. Vier Jahre später melden die
Alliierten ihrerseits die Lufthoheit über Deutschland. Seither ist der Begriff »Lufthoheit« fester Bestandteil in Politikersprechblasen. Laufend werden
irgendwelche Lufthoheiten gemeldet, wie die über
die Stammtische oder über die Meinungsdeutung.
Eine wahre Inflation von Hoheitsansprüchen. Im
Jahre 2002 beansprucht der Geschäftsführer einer
sozialdemokratischen Volkspartei die »Wieder-
erlangung« der »Lufthoheit über die Kinderzimmer«. Im Jahre 2011 setzt eine andere Volkspartei
mit christlichem Vorsatz im Namen den Angriff
auf das elterliche Erziehungsprimat fort. In »bil-
dungspolitischen Leitsätzen« erhebt sie Anspruch

auf die Lufthoheit über das Kinderleben als Ganzes. Nichts scheint erstrebenswerter, als Lufthoheit zu erlangen. Welcher Gartenfreund träumt nicht von der Lufthoheit über die Nacktschnecke? Lufthoheit meint ja, dass über dem von jemandem beanspruchten Terrain niemand als man selbst herumfliegen möge. Hoheit bedeutet staatliche Souveränität! Erziehungs- und Betreuungshoheit über unsere Kinder.

Nun, man könnte sagen: Lasst sie doch alle über unsere Kinderzimmer fliegen! Wir erteilen ihnen einfach keine Landeerlaubnis. Doch Vorsicht! Ein Blick in die weite Welt zeigt, wie dreist der Staat nach unseren Kindern greift. Tief im Herzen des »Land of the Free«, in Nebraska, benötigt eine Mutter eine staatliche Lizenz, wenn sie ihrer Tochter eine Dauerwelle machen möchte. In Los Angeles ist es strafbar, zwei Babys gleichzeitig in einer Wanne zu baden. In Israel verbietet ein religiöses Gesetz orthodox Gläubigen das Ausdrücken von Pickeln auf der Nase an einem Samstag. Wer das lustig findet, ist eingeladen, einen Blick in das »Kinderförderungsgesetz« von 2008 zu werfen. Hier offenbart sich der Staat als »Vormundschaftsstaat«. Auf Grundlage dieses Gesetzes ist es möglich, unter Verweis auf eine erforderliche Förderung schon

Säuglinge gegen den Willen der Familie in eine außerfamiliäre Betreuung zu verfügen. »Niemand hat die Absicht ...« Doch erkennbar ist es der Wille des Gesetzgebers, Kinder ganz der staatlichen Erziehung und Betreuung zuzuführen.

Kinder sind zu Objekten politischer und wirtschaftlicher Begehrlichkeiten geworden. Dabei stehen Eltern im Weg. Der staatlich betriebene Ausbau von Krippen zur Organisation einer Trennung der Kinder von ihren Eltern während der für die Entwicklung der Persönlichkeit so wichtigen Phase der frühen Bindung ist ein Frontalangriff auf das Recht von Eltern, ihre Kinder in freier Selbstbestimmung betreuen und erziehen zu können. »Lufthoheit« ist ein militärischer Begriff. Dagegen bringen sich Eltern »in Stellung«. Gegen Diskreditierung von Elternarbeit. Gegen Verstaatlichung von Kindheit. Gegen Institutionalisierung und Normierung von Erziehung. Es ist die Pflicht des Staates, Elternrechte zu stärken. Aber geleitet von demografischen und wirtschaftlichen Überlegungen, tut er das Gegenteil.

In Deutschland leben 16 Millionen Eltern, in Partnerschaft und als Alleinerziehende. Die Mehrheit von ihnen geht ganz entspannt an die Erziehung ihrer Kinder heran. Zwei Drittel von ihnen betrachten ihre Kinder nicht durch die demografische, wirtschaftliche oder politische Brille. Sie fühlen sich vielmehr beschenkt und sagen, das Leben mit Kindern sei einfach schön. Zwei Drittel der Eltern sagen auch, dass sie über das Bild, das in der Öffentlichkeit von ihnen gezeichnet wird, genervt seien. Sie fühlen sich von der Politik im Stich gelassen. Die genervten zwei Drittel ergäben immerhin 10 Millionen Eltern. Was für eine Streitmacht im Abwehrkampf gegen die Lufthoheitsfanatiker und deren Jagdflieger. Ihre Flak ist der gemeinsame Ruf: »Wir haben die Lufthoheit!«

Schüler

DIE SCHULE, JA DER Schüler selbst, ist eine biologische Erfindung. Zugleich eine kulturelle Errungenschaft höchsten Ranges. Die Einführung der Schule war Luxus und Notwendigkeit. Dabei war sie ursprünglich keine akademische Idee, sondern die Erfindung eines Handwerkers. Sein Name war Homo habilis. Dieser tauchte vor etwa 2 Millionen Jahren in den gerade neu entstandenen weiten Grassteppen Ostafrikas auf. Er hatte damals schon eine beträchtliche Entwicklung von mehreren Millionen Jahren hinter sich gebracht. Dabei ist es ihm gelungen, sich von seinen viel robusteren frühmenschlichen Mitkonkurrenten abzusetzen. Im Gegensatz zu ihnen hat er die Vorzüge einer fleischlichen Kost schätzen gelernt. Anfänglich nahm er noch mit Gammelfleisch aus Aasresten vorlieb, ehe er sich dann immer häufiger kräftezehrende und verlustreiche Prügeleien mit Raubtieren lieferte, um diesen frisches Fleisch diesseits des Verfallsdatums abzujagen. Dabei musste schnell und koordiniert zu Werke gegangen werden. Doch Homo habilis war bestens vorbereitet. Zum einen konnte er als erster Mensch Werkzeuge herstellen, die es ihm gestatteten, das Beutefleisch rasch auszulösen und zu zerkleinern. Zum anderen war er bereits ein enorm lernfähiges soziales Wesen und lief als Anpassung an seine neue Wirkungsstätte schon eine ganze Weile aufrecht auf zwei Beinen in der Graslandschaft umher. Dadurch kam er in den Genuss eines gewissen Weitblicks, der in seinem neuen Lebensumfeld von enormem Vorteil war. Dieser aufrechte Gang hat aber auch dazu geführt, dass er zunächst nicht so recht wusste, was er mit seinen Händen anfangen sollte. Seine Hände suchten gewissermaßen nach einer Beschäftigung. Da war es dann nur noch ein kleiner Schritt, bis er dazu überging, es den anderen Räubern gleichzutun und selbst auf die Jagd zu gehen. Dies war die eigentliche Geburtsstunde der menschlichen Kulturentwicklung und zugleich der Beginn eines Abschiedes von der biologischen Evolution. Er begann, Werkzeuge und Waffen herzustellen. Von da an schien seiner steilen Karriere im »Feuilleton« der Stammesgeschichte nichts mehr im Wege zu stehen.

Allerdings musste zunächst ein Problem gelöst werden, um das Projekt Menschwerdung nicht gleich am Anfang zum Scheitern zu verurteilen. Bemerkenswerterweise konnten nämlich die kulturellen Errungenschaften nicht so wie viele biologische Merkmale vererbt werden. Kulturelle Fertigkeiten sind sehr flüchtig und gehorchen anderen Regeln als biologische Strukturen. Sie müssen irgendwie dokumentiert und bewahrt werden, sonst sind sie ganz schnell wieder verschwunden.

Auch darauf war der frühe Mensch vorbereitet. Und zwar durch sein prächtiges Gehirn, das gerade wahre Entwicklungssprünge hinlegte. Eine wesentliche Bedingung für die enorme Zunahme seiner Gehirnleistungen waren die schon etwas zurückliegende Erfindung des aufrechten Gangs und die damit einhergehende »Befreiung« der Hände. Aber das allein hätte nicht ausgereicht. Eine weitere wesentliche Voraussetzung war seine Fähigkeit, soziale Strukturen auszubilden.

Auf dieser Basis gönnten sich unsere frühen Vorfahren einen ungeheuren Luxus: Sie erfanden den Schüler! Seine vornehmste Aufgabe sollte fort-

an darin bestehen, von allen anderen Pflichten befreit das Kulturwissen der Alten zu seinem Nutzen
und dem Nutzen seiner Kinder zu erlernen und zu
bewahren.

Zweite Kindheit

BEI DER ERFINDUNG DES Schülers vor etwa 2 Millionen Jahren bediente sich die Evolution eines pfiffigen Tricks. Sie installierte direkt im Gehirn, und zwar im Hypothalamus, eine Art physiologische »Bremse«. Deren Aufgabe besteht seither darin, das Einsetzen der Geschlechtsreife zu verzögern. Es wurde also so ganz nebenbei auch noch die Pubertät erfunden. Die Pubertät ist seither auf das Innigste mit der kulturellen Entwicklung der Menschen verknüpft.

Ganz schön mutig!

Die Geschlechtsreife hinauszuzögern, und dann gleich um mehrere Jahre, nur wegen so ein bisschen Kultur. Eine hochriskante Strategie, sollte man meinen. In Wahrheit jedoch war die Erfindung des Schülers und damit der Schule eine ganz wesentliche Investition in eine beispiellose Erfolgsgeschichte.

Der Mensch erreicht heute den Aggregatzustand eines Schülers etwa am Ende seines sechsten Lebensjahres. Hinter ihm liegen grundlegende Lehrjahre, die bereits mit einer Qualifikation in vier Hauptfächern abschließt: (1) motorische Fitness; (2) emotionales Gedächtnis; (3) soziale Kompetenz und (4) kognitive Kreativität. Diese überlebenswichtigen Schlüsselqualifikationen werden im Schutze der Kindheit individuell erworben. Sie bilden gemeinsam das bleibende Fundament seiner Persönlichkeit.

Aber noch ist er kein Schüler. Dazu fehlt ihm etwas, das erst jetzt anfängt, sich zu entwickeln, und ein wesentliches Rüstzeug für jeden Schüler ist: das Langzeitgedächtnis. Damit tritt der Mensch in die Zeit ein. Und zwar als durchaus vorgebildeter Novize, das heißt, hoch motiviert, aber weitgehend ahnungslos. Jetzt wird er Schüler. Was für ein Geschenk! Er muss noch nicht geschlechtsreif werden. Dank seiner »Bremse« tritt er nun in eine Phase einer geschenkten »zweiten Kindheit« ein. Das ist neu. In den vorkulturellen Zeiten wurde er jetzt geschlechtsreif und erwachsen. Das kann ab jetzt also erst einmal warten.

Die »zweite Kindheit« wurde eingefügt, damit der Mensch, allen anderen Pflichten der Arterhaltung noch enthoben, studieren, das stetig zunehmende Kulturwissen aufnehmen und bewahren kann. Diese »zweite Kindheit« beschreibt die natürliche Schulzeit des Menschen, bevor dieser sich dann, selbst geschlechtsreif, mit dem, was bei ihm vom Kulturwissen der Alten »hängen geblieben« ist, aufmacht, um es anzuwenden, zu verändern und dann selbst wieder an die nächste Generation weiterzugeben.

Die Erfindung der »zweiten Kindheit« schenkte dem Menschen zugleich eine Zeit der Muße und war damit die natürliche Geburtsstunde der Philosophie. Ursprünglich mit einem klaren Zweck implementiert, und zwar der Sicherung von Kulturwissen, schafft diese Zeit der hinzugewonnenen Kindheit zugleich Räume für die Kunst des Denkens, die, von jeder Zweckdienlichkeit befreit, Voraussetzung für Wandel und Anpassung ist. Tatsächlich ist der Begriff »Schule« eine Ableitung des griechischen Wortes für Muße (scholé). Was für ein Weg von der scholé des Aristoteles bis zum »Schööler« in der Feuerzangenbowle!

Non Vitae

DIE SCHULE WAR VON Anfang an überlebenswichtig. Und doch kam sie ganz ohne eigene Gebäude und Ministerien aus. Sie fand in der Mitte der sozialen Gemeinschaft statt. Die ursprünglichen Menschengruppen waren nach heutigen Maßstäben klein. Sie umfassten vielleicht 30 bis 40 Personen jeden Alters. Da machten sich »schulische Misserfolge« deutlicher und schneller bemerkbar als heute. Sie minderten die Fitness der ganzen Gruppe. Die ersten Schüler müssen daher hoch motiviert gewesen sein. Sie wussten um die Bedeutung ihrer Aufgabe für ihrer aller Überleben. Und diese Bedeutung nahm im Laufe der weiteren Entwicklung der menschlichen Gesellschaften rasant zu.

Schule als öffentliche Einrichtung hat seither eine wechselvolle Geschichte erlebt. Institutiona-

lisierte Schulen sind sehr jung. Sie sind das Ergebnis einer immer komplexer werdenden Gesellschaft nach der urbanen Revolution vor etwa 6.000
Jahren. Diese institutionalisierte Form der Schule
stand früh in der Kritik. Schon der Philosoph und
Lehrer Seneca beschwerte sich: »Non vitae, sed
scholae discimus« (Nicht für das Leben, sondern
für die Schule lernen wir), eine Beobachtung, die
seither in trotzigem Beharren auf den ursprünglichen biologischen Auftrag des Schülers mit Vorliebe in der folgenden Abänderung zitiert wird: »Non
scholae, sed vitae discimus« – Nicht für die Schule,
sondern für das Leben lernen wir!

In der modernen Massengesellschaft herrscht
erst seit gerade einmal acht Generationen eine
allgemeine Schulpflicht. Mit dem bekannten Resultat: Die Mehrheit der Schüler weiß nicht mehr,
was sie da soll. Was natürlich für die Schulpflicht
spricht. Schließlich sollte sich die menschliche Gemeinschaft weiterhin um ihre kulturellen Schätze
sorgen dürfen. Denn Schule kann unter günstigen
Umständen auch heute noch die ursprünglichen
Funktionen erfüllen und dabei ein Ort von Freude
und tieferer Einsicht sein. Nur, ein Ort der Muße
ist sie sicher nicht mehr.

Schule ist heute so wichtig wie zur Zeit ihrer

Erfindung. Nur hat sie sich in der Praxis von ihrem eigentlichen Zweck weit entfernt. Die ganze Fülle des kulturellen Wissens ist einem einzelnen Schüler längst nicht mehr vermittelbar. Der Universalgelehrte ist Geschichte. Heute ist Schule ein Massenphänomen mit Zwangscharakter. Über die Schule nimmt die Gesellschaft Zugriff auf die Schüler und betreibt munter Auslese. Über die Schule werden dem einzelnen Schüler soziale Aufstiegschancen im Wettbewerb der globalen Erwerbsgemeinschaft zugewiesen. Schule ist eine mächtige Institution und zugleich zu einem Spielball pädagogischer und politischer Eitelkeiten geworden.

Seit der Einführung der Schulpflicht ist Schule außerdem zu einem wesentlichen Element in der Parallelkultur »Jugend« geworden. Als solche hat sie sich zu einem wirksamen Mittel entwickelt, um junge Erwachsene von den tatsächlichen Gestaltungsprozessen in der Gesellschaft fernzuhalten. Dies glauben wir uns aufgrund unserer seit der industriellen Revolution dramatisch gestiegenen Lebenserwartung leisten zu können. Schule wird zu einer immer länger werdenden Warteschleife für junge Erwachsene im Anflug auf die Gesellschaft, in der die Eltern- und Großelterngenerationen noch lange das Sagen haben. Schule als Totengräber des

Generationenwechsels. Das ist neu und bedrohlich. Der erwachsene, weil geschlechtsreife Schüler, der definitionsgemäß eigentlich keiner mehr ist, sitzt in der Kulturfalle Schule fest. Dort leidet er unter einer politisch verordneten künstlichen Unmündigkeit, während er längst über die natürliche Legitimation verfügt, aktiv mitzugestalten.

Pubertät

TIERE WERDEN GESCHLECHTSREIF. Menschen auch. Manche Tiere machen dazu eine Metamorphose durch. Die Menschen auch. Bei ihnen heißt sie »Pubertät«. Die Pubertät ist eine Erfindung des Menschen. Sie ist mehr als nur der Eintritt der Geschlechtsreife. Die Pubertät ist ein langer Entwicklungsprozess, der drei Phasen umfasst: (1) Verzögerung der Geschlechtsreife; (2) Eintritt der Geschlechtsreife; (3) emotionale Umorientierung und Erlernen von Sexualverhalten.

Die Verlängerung der Kindheit dient dem Erlernen von Kulturwissen. Diese hinzugewonnene Kindheit war das entscheidende Pfund, mit dem der frühe Mensch vor der Evolution wuchern konnte. Ohne sie wäre der Businessplan, mit dem wir vor den »Selektionsausschuss« der Evolution getreten sind, kläglich gescheitert. Basiert er doch vordergründig auf wenig Erfolg versprechenden Konzepten, wie einem späten Eintritt der Geschlechtsreife, nur einem Kind pro Schwangerschaft und Neugeborenen, die aus eigener Kraft und ohne intensive Betreuung nicht überleben können. Der Mensch beginnt seine Karriere als Nichtskönner, als völlig hilfloser Säugling. Vor sich eine lange Jahre während Phase der Abhängigkeit von der Fürsorge durch die Mutter, den Vater und von der ganzen Gemeinschaft der Älteren. Die Chance auf eine Fortpflanzung ist weit in die Zukunft verlegt. Das soll ein guter Plan sein? Es wäre doch viel naheliegender, möglichst rasch selbstständig werden zu wollen, auf eigenen Beinen zu stehen und durch die Welt zu laufen, sich selbst zu versorgen und so schnell wie möglich zum Kerngeschäft der Arterhaltung zu kommen, der Fortpflanzung. Und das mit möglichst vielen Nachkommen. Es muss in diesem Konzept also etwas geben, was dieses hohe Risiko rechtfertigt. Dieses Etwas heißt Kultur. Die zugrunde liegende Struktur für das Projekt Kulturentwicklung ist das menschliche Gehirn, das wesentliche Funktionen nach der Geburt entwickelt. Mit der Einführung einer Verzögerung des Eintritts der Geschlechtsreife um mehrere Jahre wird das Erfolgskonzept des nachgeburtlichen Lernens weiter ausgebaut. Die in den ersten Jahren aufgebauten Bindungen an die Eltern werden aufrechterhalten. Die jungen Menschen bleiben von den Aufgaben der Erwachsenen freigestellt.

Aber irgendwann ist die Schule aus. Auch wenn man vielleicht noch nicht ganz ausgelernt hat. Die nächste Generation muss gegründet werden. Damit kann nicht beliebig lange gewartet werden. Die Lebenserwartung muss die Zeitspanne der Betreuung des eigenen Nachwuchses abdecken. Erst wenn die Kinder eigene Kinder bekommen, können die Eltern abtreten. Generationenwechsel! Die notwendige Entkopplung der Bindungen an seine Bezugspersonen wird dem Kind brutal und unmissverständlich aufgezwungen. Sie wird nicht ins Belieben des Einzelnen gestellt. Dieser »Rauswurf« aus dem Kinderzimmer der menschlichen Entwicklung ist Aufgabe des Gehirns. Umfangreiche Umbaumaßnahmen sorgen für eine tief greifende emotionale Verwirrung als Ausgangsbedingung für einen emotionalen Neuanfang in der Welt der Erwachsenen. Ein hoher Preis für die verlängerte Kindheit. Die Pubertät ist die biologische Struktur des Übergangs von einer zur nächsten Generation und zugleich der Anpassung und Weiterentwicklung des kulturellen Erbes. Der Zweck der Pubertät ist die Organisation des Generationenwechsels. Der Eintritt der Geschlechtsreife ist dabei ein zwar notwendiges, aber an sich triviales Ereignis. Der lässt sich bekanntlich auch ohne Pubertät veranstalten.

Mut

JEDER MENSCH IST PERSON von seiner Zeugung bis
zu seinem Tode. Er verfügt über natürliche Rechte. Diese Persönlichkeitsrechte sind unteilbar und
über die ganze Lebensspanne gültig.

Ein grundlegendes Recht ist das Recht auf
freie Entfaltung der Persönlichkeit. Nach heutigem
Verständnis umfasst dies das Recht auf eine freie
Entwicklung der Persönlichkeitsmerkmale. Dieses Recht wird im Besonderen in den ersten sechs
Lebensjahren, in der Kindheit, wahrgenommen.
Dazu benötigt der Mensch geeignete Lebensbedingungen. In dieser Zeit entwickelt jeder Mensch
zum Überleben notwendige Schlüsselqualitäten,
die das Fundament seiner Persönlichkeit bilden.
So qualifiziert, wurden die frühen Menschen geschlechtsreif und erwachsen.

Die Verzögerung der Geschlechtsreife über dieses Stadium hinaus und die Verlängerung der nachgeburtlichen Entwicklungs- und Lernphase sind Bedingungen der Kulturevolution. Eine spezifisch menschliche Erfindung.

Mit Eintritt der Geschlechtsreife ist der Mensch ein junger Erwachsener, ausgestattet mit der natürlichen Legitimation zur Teilnahme an den gesellschaftlichen Gestaltungsprozessen. Diese Legitimation machte ihm über die Jahrmillionen der Menschheitsentwicklung auch niemand streitig. Diejenigen, die es hätten tun können, waren gerade dabei, abzutreten. Es herrschte Generationenwechsel.

Die aktuelle Situation ist neu und stellt eine anspruchsvolle Herausforderung dar. Der Generationenwechsel und die mit der Pubertät verbundenen Fähigkeiten sind nahezu bedeutungslos geworden. Die hohe Risikobereitschaft, die Neugierde, das aktive Aufsuchen emotionaler Grenzerfahrungen, der Wille und die Bereitschaft zur Veränderung und zum Aufbruch standen während der ganzen langen Zeit der Menschheitsentwicklung im Dienste der Kulturentwicklung. Sie waren der eigentliche Schlüssel zum Erfolg des Projektes Menschwerdung. Nach 80.000 Generationen hat sich dann die mittlere Lebenserwartung der Menschen innerhalb der letzten 10 Generationen nahezu verdreifacht. Eine einschneidende Veränderung mit dem Ergebnis, dass der Generationenwechsel als Motor des kulturellen Fortschritts in Gefahr geraten ist. Heute existieren drei bis vier Generationen nebeneinander.

Junge Erwachsene finden sich heute, ebenso wie ältere Menschen, in Parallelkulturen wieder, weit weg von den Gestaltungsprozessen in der Mitte der Gesellschaft. An die Stelle des natürlichen Generationenwechsels ist quasi über Nacht ein kulturell bedingter Generationenkonflikt getreten. Wichtige Wesensmerkmale junger Erwachsener werden diskreditiert und kriminalisiert. Sie werden zu »Jugendlichen«, einem soziologischen Stadium, das sich entwicklungsbiologisch nicht beschreiben lässt. Dieser Konflikt ist ein Resultat des eindrucksvollen Ergebnisses der Entwicklungsgeschichte der Menschen und eine Krise für die weitere erfolgreiche Entwicklung der menschlichen Gesellschaften.

Eine wichtige kulturelle Herausforderung unserer Zeit besteht darin, die jungen Erwachsenen wieder dahin zurückzuholen, wo sie hingehören, und zwar in die Mitte der Gesellschaft. Dazu bedarf es vor allem der Einsicht der Älteren. Die Jungen haben den Mut dazu.

Aufstand

ES WAREN JUGENDLICHE, DIE über die Millionen Jahre der Menschheitsentwicklung den Generationenwechsel vollzogen und an vorderster Front die kulturellen Errungenschaften bewahrt und mutig weiterentwickelt haben.

Vor eine Million Jahren, irgendwo in Afrika: Es dämmert. Lukas, 15, kauert vor dem Feuer. Er denkt an die morgige Jagd. Seine Frau Laura, 14, hockt etwas abseits bei den Frauen und stillt ihr Baby. Wochentage gibt es noch nicht, aber Lukas weiß genau, was zu tun ist, wenn es Abend wird. Er inspiziert seine Jagdutensilien. Morgen will er seine Gruppe zu einer Senke führen, die er heute ausgekundschaftet hat. Wenn es gut läuft, werden alle für Wochen genug Fleisch zu essen haben. Lukas sieht über das Land und ahnt nicht, wie erfolgreich er sein wird.

Am Tag darauf: Es dämmert. Lukas kauert vor dem Feuer. Er hält sein Baby im Arm und sieht seiner Frau Laura zu, die mit den anderen das Fleisch in Streifen schneidet. Seine Idee, den Wurfspeer auch am hinteren Ende zuzuspitzen, war ein voller Erfolg. Die Flugeigenschaften sind besser, die Reichweite höher und die Treffsicherheit größer. Das Flusspferd in der Senke hatte keine Chance. Lukas ist stolz auf seinen Erfolg, seine Stellung gefestigt. Sie haben Räucherfleisch für Wochen. Es gab keine Verluste. Nur Berni war mal wieder zu übermütig und kam den gewaltigen Eckzähnen des Beutetieres zu nahe. Laura hat seine Wunden mit Honig eingerieben und ihm reichlich von ihren vergorenen Beeren gegeben. Jetzt schläft er seinen heilsamen Rausch am Feuer aus.

Hinter den Hügeln liegt seine Mutter in der Erde. Mit ihrem letzten Kind im Bauch. Es wollte nicht ans Licht. Die Erinnerung daran ist schon etwas blass. Sein Vater führte die Gruppe vor ihm. Jetzt ist er alt, 30. Seine Gelenke schmerzen und er hat keine Zähne mehr. Wenn die Gruppe weiterzieht, muss er getragen werden. Lena kaut das

Fleisch für ihn. Lukas hat sich für seinen Vater eingesetzt. Daher ist er jetzt noch am Leben. Sein Vater hält die Verbindung zu den Geistern und kennt die besten Bäume für ihre Wurfspeere. Lukas sieht über das Land und dankt dem »Geist des Flusspferdes«.

Heute, irgendwo in Europa: Draußen wird's dunkel. Lukas, 15, kauert vor seinem PC. Er denkt an die morgige Klassenarbeit. Hinter ihm lümmelt sich seine Freundin Laura, 14, auf dem Sofa und hört Musik, während sie im TITUS-Katalog nach neuen Tops Ausschau hält. Morgen ist Montag. Und Lukas hat keine Ahnung, wozu er Latein braucht. Doch er weiß, dass er die Arbeit morgen nicht verhauen darf. Sonst sieht es mit der Versetzung ziemlich trübe aus. Lukas sieht aus dem Fenster. Großstadtlichter. Er vergisst die Schule und träumt von Afrika.

Am Tag darauf: Draußen wird's dunkel. Lukas kauert vor seinem PC. Es ist Montagabend. Bei dem Gedanken an die Lateinarbeit von heute wird's ihm mulmig. Das meiste hat er von Stefan abgeschrieben. Wenn das rauskommt, wird's kritisch. Seine Freundin Laura und Stefan lümmeln sich auf dem Sofa. In ihrem neuen Top sieht Laura echt stark aus, denkt Lukas. Stefan zieht sich eine Dose Bier nach der anderen rein. Er ist völlig fertig, weil Berni im Krankenhaus liegt. Berni war mal wieder zu übermütig. Er ist beim Autosurfen vom Dach gefallen und hat sich alle möglichen Knochen gebrochen. Sieht ziemlich schlimm aus, sagt Stefan. So ein Trottel, denkt Lukas, als er hinter sich einen dumpfen Schlag hört. Stefan ist vom Sofa gefallen und sofort eingeschlafen. Laura schüttelt sich vor Lachen.

Heute sind die Jungen scheinbar machtlos. Wie lange noch werden sie als Kinder der Generation Staatspleite dem Ausverkauf ihrer Zukunft durch ihre Elterngeneration tatenlos zusehen? Schon proben sie den Aufstand. Für ein Recht auf Mitsprache und »echte Demokratie«. Der Beginn einer globalen Jugendrevolte?

Sprechstunde

IN EINER OFFENEN, DEMOKRATISCHEN Gesellschaft sind allgemein verbindliche Normen in der Erziehung nicht vorgesehen. Das ist gut so. Die »Entmoralisierung« des elterlichen Erziehungsauftrages hat jedoch ihren Preis. Zwischen dem Recht auf elterliche Selbstbestimmung und der Pflicht, ihre Kinder entsprechend ihren Verhältnissen selbst zu erziehen, können Eltern verunsichert werden. Eltern haben heute viele Fragen. Drei Beispiele aus der Beratungspraxis:

Muss ich wieder strenger zu meinen Kindern werden?

Wenn Strenge in der Erziehung bedeutet, dass Sie ihren Kindern unerbittlich und disziplinarisch mit konkreten Erwartungen und Erziehungszielen gegenübertreten, müssen Sie eindeutig weniger streng werden. Kinder sind keine Projekte. Jedes Kind hat das Recht auf die freie Entwicklung seiner Persönlichkeit. Eine gute Erziehung gedeiht nur im respektvollen Miteinander von Eltern und Kindern. Ihre Verantwortung umfasst das Mitgestalten und Bereitstellen von Lebensräumen für die individuelle Selbstentwicklung Ihrer Kinder. Wenn Strenge bedeutet, dass Sie konsequent auf Nachhaltigkeit bei der Bereitstellung solcher Lebensbedingungen für Ihre Kinder achten, dann müssen Sie vielleicht wieder strenger werden. Seien Sie so streng wie möglich, wenn es darum geht, Ihrem familiären Zusammenleben eine Atmosphäre zu verleihen, die von nachhaltiger Wärme und Liebe und einem respektvollen Umgang, auch zwischen den Erwachsenen, getragen wird.

Meine Sechzehnjährige hat mit dem Rauchen angefangen. Was soll ich tun?

Wenn Sie als nikotinabhängige Mutter Ihre Sechzehnjährige vom Rauchen abhalten wollen, kann es sein, dass Sie eine ziemlich komische Figur abgeben. Wenn Sie bekennen: »Ja, ich qualme selbst und komme nicht los davon«, sind Sie auf dem besten Wege, ihre positive Vorbildfunktion endgültig einzubüßen. Wenn Sie nicht wollen, dass Ihr Kind mit dem Rauchen anfängt, müssen Sie selbst damit aufhören. Glaubwürdigkeit schaffen! Ihre Erfolgsaussichten sind jedoch eher schlecht. Schließlich waren Sie schon während der ganzen Kindheit Ihres Nachwuchses ein »rauchendes Vorbild«. Nicht rauchende Eltern sind deswegen noch lange nicht aus dem Schneider. Natürlich wissen sechzehnjährige Jugendliche, dass Rauchen der Gesundheit schadet. Seien Sie stark! Sie sind zwar nach wie vor die Mutter Ihrer qualmenden Sechzehnjährigen, aber nicht länger ihr Gewissen.

Mein Achtjähriger ist auf sein neugeborenes Geschwisterchen eifersüchtig. Ist das normal?

Normal nicht, aber im Einzelfall nachvollziehbar. Schließlich konnte sich Ihr kleiner »Kronprinz« acht lange Jahre, das heißt während der längsten Zeit seiner Kindheit, Ihrer ungeteilten Aufmerksamkeit sicher sein. Nun macht er die schmerzliche Erfahrung, dass er teilen muss. Das ist neu. Da wird das Geschwisterchen schnell zum vermeintlichen Nebenbuhler um Ihre Gunst. Keine guten

Voraussetzungen für die Entwicklung von geschwisterlicher Zuwendung, Vertrautheit und Liebe. Sie haben nur eine Wahl: Beziehen Sie Ihren Achtjährigen von Anfang an in die Fürsorge und Betreuung seines neugeborenen Geschwisterchens mit ein. Übertragen Sie ihm zunächst kleinere und zunehmend größere Aufgaben. Betonen Sie seine Rolle als Bruder in der Familie. Mit einem Wort: Binden Sie Ihren Achtjährigen in Ihre Liebe zum Baby mit ein.

Drei Fragen und drei Ratschläge, die so viel wert sind wie Sand im Wind, wenn die Eltern nicht ihrem Herzen folgen.

Bedrohte Kindheit

»MAN DARF SEINEM KIND nicht zu viel Liebe zeigen, denn davon wird es hochmütig«, sagt Philipp von Novara schon 1260. Sein Tipp: »Richtig handelt, wer sein Kind streng bestraft.« Ratgeber für Tigermütter oder mittelalterliches Zeitdokument?

Inzwischen haben Kinder Rechte. Zumindest auf dem Papier der UN-Kinderrechtskonvention von 1989. Zum Beispiel: das Recht auf eine Familie, elterliche Fürsorge und ein sicheres Zuhause; auf einen Namen und eine Staatszugehörigkeit; auf Bildung und Ausbildung; auf Gleichbehandlung und Schutz vor Diskriminierung; auf Freizeit, Spiel und Erholung; auf sofortige Hilfe bei Katastrophen und Notlagen und auf Schutz vor Grausamkeit, Vernachlässigung, Ausnutzung und Verfolgung. Mit Ausnahme der USA und Somalia haben alle

Länder der Erde diese Rechte anerkannt und sich verpflichtet, über ihre Einhaltung zu wachen. Wie sieht die Realität heute, nach mehr als 20 Jahren Kinderrechte, aus? UNICEF meldet bedrückende Zahlen: Jedes Jahr werden bis zu 1,5 Milliarden Kinder Opfer von Gewalt. Mehr als eine Milliarde Kinder leben inmitten bewaffneter Konflikte. In einem Viertel der Entwicklungsländer ist weniger als die Hälfte aller Kinder registriert. In Somalia weniger als 10 % der Kinder unter fünf Jahren. Weltweit sind 51 Millionen Kinder betroffen. Nicht registrierte Kinder sind stark bedroht durch Kinderarbeit, Frühehen und Zwangsrekrutierung. Ein Drittel aller Mädchen in den Entwicklungsländern, mehr als 64 Millionen, werden vor ihrem 18. Lebensjahr verheiratet. In Ländern wie Guinea und Mali liegt die Quote bei 60 %. Das Schicksal dieser Mädchen sind Arbeit und Armut. Sie sind schutzlos und ohne Recht auf Bildung und Spiel. 70 Millionen Mädchen sind Opfer von genitaler Beschneidung. In einigen Regionen sind 98 % der Frauen betroffen. Diese Verstümmelungen gelten als Voraussetzung für die Ehe und werden an sehr jungen Mädchen vorgenommen. Jedes Jahr kommen 3 Millionen betroffene Mädchen hinzu. Weltweit müssen 150 Millionen Kinder zwischen 5 und 14 Jahren arbeiten. In afrikanischen Ländern südlich der Sahara liegt die Quote bei über 30 %. Kinder, die arbeiten, gehen nicht zur Schule. Kinderarbeit ist Folge und Ursache von Armut. Weltweit leiden Millionen Kinder jeden Alters unter Missbrauch und sexueller Ausbeutung. Die Folgen sind schwerste Traumatisierung, Infektionen und ungewollte Schwangerschaft. Weltweit werden jedes Jahr mehr als eine Millionen Kinder Opfer von Menschenhändlern. Der Klimawandel und die Wirtschaftskrise bedrohen besonders die Kinder. Die Prognose für die nahe Zukunft ist düster. In weniger als 20 Jahren wird etwa ein Viertel aller Kinder unter 5 Jahren in einem unterentwickelten Land leben.

Im Juli 2011 berichtet das Magazin Stern von der sechsjährigen Sofia aus dem Dürregebiet im nordöstlichen Kenia, nahe der Grenze zu Somalia. Von ihrem Vater, der sein ganzes Vieh und allen Mut verloren hat. Von ihrer Mutter, die die Familie mit dem restlichen Vieh auf der Suche nach fruchtbarem Boden verlassen hat. Davon, wie Sofia ihre kranke zweijährige Schwester Suada auf dem Rücken stundenlang barfuß durch den heißen Sand zur nächsten mobilen »Save the Children«-Ambulanz und dann wieder zurück in die elterliche

Strohhütte schleppt. Zur selben Zeit mehr als zehntausend Kilometer nördlich: fünf Uhr morgens in einer deutschen 24-Stunden-Kita. Lena ist 18 Monate alt. Ihre Mama hat sie gerade für den Tag abgegeben. Sie arbeitet Vollzeit als Servicekraft in einem der großen Hotels der Stadt. Lena liegt schlaflos. Sie wird ihre Mama den ganzen Tag nicht mehr sehen. Das Weinen hat sie sich abgewöhnt. Bald wird es hell, und die älteren Kinder in der Einrichtung singen wieder »Brüderchen, komm tanz mit mir«. Jede Kindheit kennt ihre eigenen Abenteuer.

Nachwort

NICHTS BEWEGT DIE MENSCHEN so sehr wie die Liebe. Dabei ist die Liebe ein schillernder Begriff mit
vielen physiologischen, psychologischen, soziologischen, theologischen und philosophischen Erklä-
rungsversuchen. Ist die Liebe eine Emotion, ein
Gefühl, das uns sagen lässt: »Ich liebe dich«? Ist es
Liebe, jemanden lieb zu haben? Kinder haben ihren Teddy lieb. Was fängt bloß der Teddy mit dieser
Liebe an? Reicht es aus, sein Kind lieb zu haben?
Lieben uns unsere Babys? Oder ist Liebe mehr?
Etwas viel Größeres, an dem unsere Gefühle nur
einen Anteil haben? Zeigt sich die Liebe vielleicht
nur in bestimmten Konstellationen wechselseitiger
Handlungsmuster von Menschen? Ist es richtig, zu
sagen, jemand handle aus Liebe? Oder ist es rich-
tig, dass unsere Handlungen die Liebe offenbaren?

Ist es Liebe, wenn das trächtige Eisbärenweibchen einen Monat vor der Geburt seiner Jungen eine Höhle aufsucht? Ist es Liebe, wenn es dort in völliger Abgeschiedenheit drei Monate mit seinen Jungen zubringt, ihnen seine Milch und Wärme gibt? Ist es Liebe, wenn es seine Jungen bis zu 2½ Jahre säugt und sie in dieser Zeit ihr lebensnotwendiges Jagdverhalten lehrt? Wenn dies alles Liebe ist, dann dient sie der Arterhaltung. In diesem Licht erscheint die Emotionalität menschlicher Liebesempfindungen als zweckmäßiger Selbstverstärker für die notwendigen Handlungen im sozialen Kontext von Paarbildung und Kinderaufzucht. Liebe also nicht als Teil eines universellen Altruismus, sondern als eine Bedingung zur Optimierung sozialer Funktionen in menschlichen Gemeinschaften? Ist die Liebe also eine menschliche Kategorie? Oder doch eine göttliche? Den Christen gilt die Liebe als das erste Gebot Gottes: »Du sollst deinen Nächsten lieben wie dich selbst« [3. Mose 19,18].

Die Liebe erscheint als eine mächtige Naturkonstante, als göttliches Prinzip in der Evolution. Die Liebe als strukturbildender Impulsgeber, der jeder menschlichen Entwicklung innewohnt. Die Liebe zugleich als ein Zeichen dafür, dass unter den Menschen nichts für immer getan ist. Jede individuelle Entwicklung, jede Persönlichkeitsentwicklung bedarf aufs Neue der Liebe. Durch die Liebe teilt sich Gott selbst den Menschen immer wieder mit. Nur durch die Liebe wird der Mensch zu seinem Ebenbild. Wie mit einer Fackel wird das Licht der Liebe von einer Generation an die nächste weitergegeben.

Gegenüber dieser Liebe hat das Böse keine Chance. Was das Böse am meisten fürchten muss, ist die Liebe. Der größte Feind des Bösen ist das Kind, das in Liebe aufwächst. Allein die Gegenwart der Liebe lässt das Böse nicht zu. Denn die Liebe schafft das Gute. Das Gute ist, was dem Leben dient. Das Böse ist, was dem Leben schadet. Erst wo die Liebe fehlt, entwickelt das Böse seine Strukturen.

Die Liebe ist demnach eine positive Kraft, die einen Zweck erfüllt. Sie ist ein wesentlicher Teil einer Optimierungsstrategie in der menschlichen Individualentwicklung. Ohne Liebe hätten soziale Strukturen keinen Bestand. Die Menschwerdung selbst und die menschliche Kulturentwicklung wären ohne das Geschenk der Liebe nicht möglich gewesen.

Der Autor

RALPH DAWIRS ist Zoologe, Meeresforscher, Hirnforscher, Doktor der Naturwissenschaften, Professor für Neurobiologie und Vater von zwei Kindern. Als Entwicklungs- und Gehirnexperte hat er zahlreiche grundlegende Arbeiten zur Entwicklung des Gehirns und des Verhaltens verfasst. In allgemein verständlichen Büchern und Vorträgen setzt er sich für die Belange von Kindern, Jugendlichen und Eltern ein.

Kinderarmut macht uns alle arm

Immer mehr Kinder wachsen in Armut auf. Sie leben ungesund, ungefördert, unverstanden. Um sie müssen wir uns kümmern, auch aus unserem eigenen Interesse: Nur so können wir Wohlstand und Sicherheit in Deutschland erhalten.

Felix Berth zeigt klar und eindrücklich, dass nur frühe Bildung gegen Kinderarmut hilft. Auf der Basis bemerkenswerter US-Studien und internationaler Vergleiche erläutert er, wieso Chancengleichheit eine Gesellschaft friedlicher und lebenswerter macht. Dabei gibt er einzigartige Einblicke in die Situation gefährdeter Familien im Jahr 2011.

»Der Münchner Autor Felix Berth hat nach gründlicher Analyse ein vehementes Plädoyer für eine Offensive bei der Kleinkind-Förderung geschrieben.« HR 2 Kultur

Felix Berth
Die Verschwendung der Kindheit
Wie Deutschland seinen Wohlstand verschleudert
Klappenbroschur, 208 Seiten
ISBN 978-3-407-85926-6